愛知大学綜合郷土研究所ブックレット

8

空間と距離の地理学

名古屋は遠いですか？

鈴木富志郎

目　次

1　はじめに――移動とは何か

豊橋に住んでいる人々は、名古屋は遠いと感じているのだろうか？

ＪＲ横須賀線で直結されている鎌倉と東京とは、どのようなつながりをもっているのだろうか？

二つの巨大都市・京都と大阪とは、比較的近い位置に立地しているが、この両都市は競合あるいは相互依存のいずれの関係にあるのだろうか？

ここにあげた三つの事例は、いずれも一時間ほどで結ばれている二つの都市のつながりをとらえようとしている。ただ、そこにはそれぞれに異なった条件や状況があるので、個々の事例についての具体的な見方や役割については後で検討することとするが、どの事例にあっても共通している問題は、離れている距離、到達に要する時間、そこに行く目的などをどうとらえるのかにある。いずれにせよ、そこには「空間とその距離」という因子が介在しているが、それこそがここでとりあげようとする命題であり、〝都市とはどのような存在か、そしてその本質は何か？〟をメインテーマに、都市地理学を専攻してきた私にとって、これまで研究をつづけてきた分野の中で「都市化」、「都市圏」という都市の空間的拡大につながる研究課題の一部になる。そこで、私自身の研究をふりかえる意味もこめて、本書の中ではできるだけ多くの実例をあげつつ、これらの問題を考えてみたい。

ところで移動という現象は、人類にとって重要な役割を果たしている。原始の狩猟採集時代にあっては、移動しなければ食料を手に入れることができなかったし、時代が下がって農業が経済の中心となった時代でも、当初は、新しい土地に移動して開墾・耕作する焼畑がおこなわれていたし、定住するようになってからでも農産物の販売や交換などで市場とのつながり、そこへの移動がみられた。ずっと時代的に下がった現代でも、生産物の流動や運搬、生産手段にからむ通勤という現象が、大きな社会的問題となっていることは日常的にわれわれがよく知っている事実であり、また生産関係だけでなく、買物、娯楽といった消費生活にあっては、どこへいくのかという目的地選択とそこへの移動およびその方法が欠かせないアイテムとなっている。

ここであらためて定義するまでもないが、移動という現象はある地点から別の地点への動きをさしている。たとえば、自宅から勤め先の会社へ行くのも、自宅から近所のスーパーマーケットへ買物に行くのも、距離のちがいこそあれ、それぞれ一回ずつの移動が発生したという。したがって、朝に自宅を出て会社へ行き、夕方にはまっすぐ自宅へ帰るのは二回の移動があったことになる。具体的な移動行動は、次の章で述べるさまざまな条件をもつ「距離」感によって制約をうける

表1　移動の種類

発生の度合	移動の機関	移動目的の例
定期性をもつ移動（日常的な移動）	1日単位	通勤、通学
	数時間	買物、散歩
不定期な移動（非日常的移動）	短　期	ビジネスの出張
	長　期	娯楽のための旅行
		出かせぎ
非回路の移動	永久的	移　住（海　外／国　内）

が、一般的にいうならば、定期性があるかどうかという発生の度合、移動にあたっての期間ないしは時間、移動を発生させる目的などによって決まってくる。いま、これらをまとめてみると表1のようになると考えられる。

地理学では移動の分析を行うにあたって、グラフ理論を用いることがあるが、グラフ理論では上にあげた自宅や会社を頂点（結節点ともいう）、頂点と頂点の間を区間と呼ぶ。したがって、片道の移動では二頂点一区間の、往復ならば二頂点二区間の動きということになる（図1－A参照）。もし会社の帰りにどこかに立ち寄れば、三頂点三区間となり、立ち寄る場所が二カ所、三カ所と増えれば、図1－B・Cでわかるように頂点や区間の数が増えてゆく。

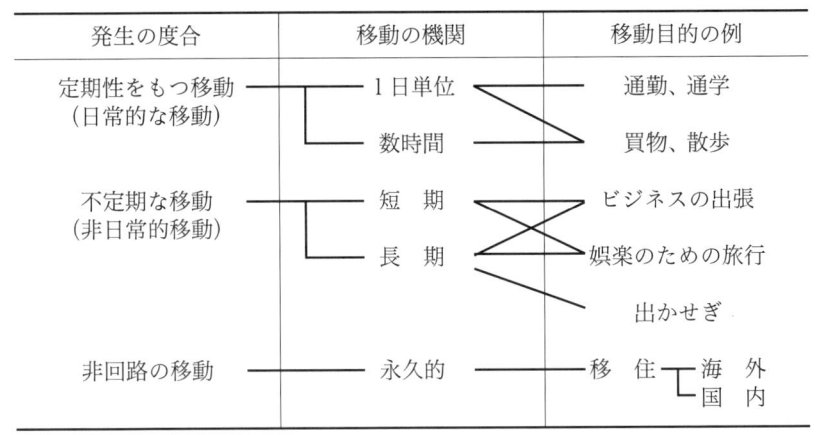

また、これらのように同じルートを往復あるいは巡回できる場合は回路（サーキット）とよばれるが、交通網は回路になっていることが多い。

頂点は結節点ともいわれるように、他の頂点とのつながり――結節度を示す指標ともなるから、グラフ理論は、ある地点の結合度や

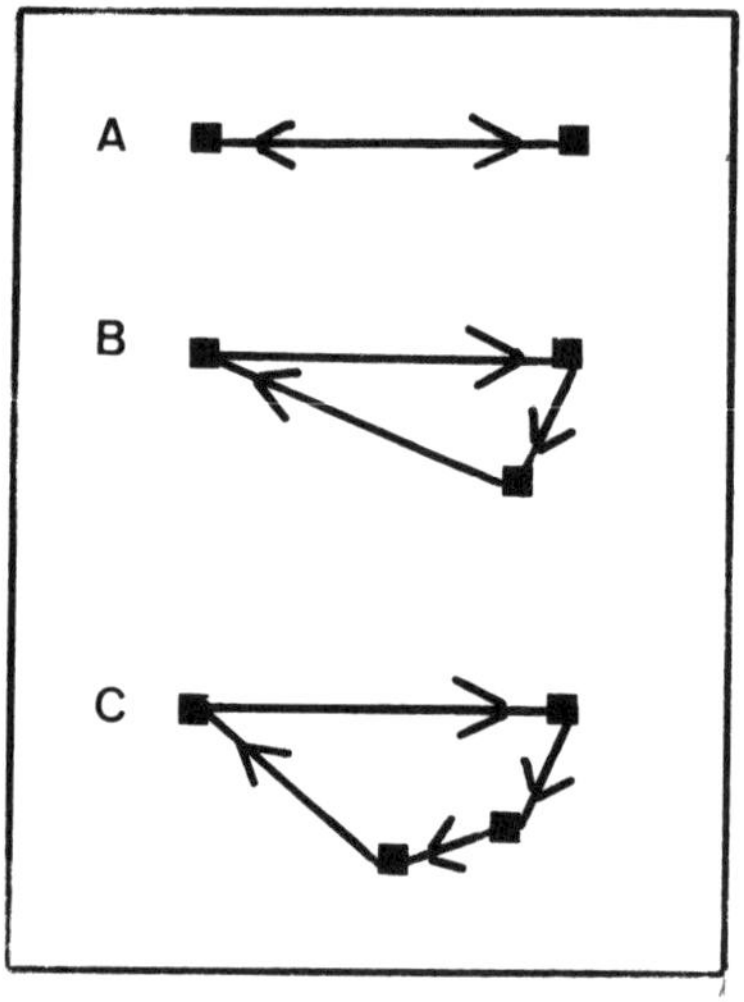

図１　頂点と区間

近接度を測定するのにも用いられ、社会工学や経済学でも利用されている。ちなみに、豊橋のもつ鉄道の結節度は八——東海道新幹線および在来線の東京方面の二路線、大阪方面への二路線、ＪＲ飯田線、名古屋鉄道本線、豊橋鉄道渥美線、同市内線——であるが、名古屋は地下鉄もあるので十三となり、人々の集中を支える交通の便利さがうきぼりになってくる。

これらの移動の手段には、陸上交通、水上交通、航空交通があるが、それらの交通を動かす動力には、徒歩、人力車などの人力に頼るもの、乗馬、牛車、犬そりなど畜力を利用する方法、鉄道、自動車、航空機などのように機械力を使う場合などがあり、これらは併用されることもありうるが、おおむねここにあげた順に発達してきている。また、移動する対象としては、人間のほかに物資輸送もあるが、本書では人間の陸上移動を中心に考えていく。

2　地域の範囲と性格――「地域」とはどのような存在か

◉――地域のとらえ方

「東京」とはどこを指すのだろうか。ＪＲ豊橋駅で〝東京〟といえば東京駅までの乗車券を売ってくれるであろう。かつて、私が住んでいた吉祥寺[1]では、一九六〇年代であっても、土地の古老たちの口からは〝東京へ行く〟という言葉がよく聞かれた。この場合は東京都心、あるいは副都心といわれた新宿あたりのにぎやかな所を指していた。また、少し事情を知った人たちは、東京とは旧東京市にあたる東京二三区を考えるであろうが、行政的な東京都に伊豆七島や、ましてやはるか太平洋上に離れた小笠原諸島までをもふくんでいることを思い当たる人は少ないであろう。

同じような混乱は、地域を単位とする人口統計にあってもおこりかねない。世界人口年鑑によると、表2にあげたように、世界の大都市の人口の項には「都市地域」と「郊外地域を含む」の二つが併記されている。東京を例にすると、八一三万人の都市地域と一二〇五万九〇〇〇人の郊外地域を含む人口とある。これらの数値は、二〇〇〇（平成一二）年の国勢調査の東京二三区の人口および東京都の人口に等しいことから、世界人口年鑑では東京の郊外地域として行政域であ

表２　世界の大都市の人口

順位	都市名	国名	調査年次	人口（千人）	
				都市地域	郊外地域含む
1	ニューヨーク	アメリカ	1996	7,381	19,938
2	ロサンゼルス	アメリカ	1996	3,554	15,495
3	メキシコ	メキシコ	1990	8,236	15,048
4	ムンバイ（ボンベイ）	インド	1991	9,926	12,596
5	東京	日本	2000	8,130	12,059
6	ブエノスアイレス	アルゼンチン	1991	2,965	11,298
7	カルカッタ	インド	1991	4,400	11,022
8	ソウル	韓国	1995	10,231	—
9	サンパウロ	ブラジル	E98	—	9,928
10	シャンハイ（上海）	中国・上海	2000	9,232	9,696
11	パリ	フランス	1990	2,152	9,319

※地理統計2002／2003年版、古今書院による

る東京都をとり上げたことになる。

東京二三区の郊外地域が東京都というのは、実態を知っているわれわれにとっては大いに疑問とするところであるが、他の大都市の場合にはどこまでを郊外地域とするのかについての明確なかつ統一的な基準は示されていない。そのためかどうかはわからないが、併記された二つの人口の間に大きな差がある都市がみうけられ、ニューヨークでは二・七倍、ロサンゼルスやパリではじつに四・三倍に差がひらいている。こうしてみると世界で最も人口の多い都市として、ソウルとニューヨークのいずれをあげたらよいのか、迷うところである。

ところで、地域（region）は地理学の根幹をなす重要な概念で、何らかの意味をもつ地表面の空間をさし、そのために「地域」の主要な定義は、一定のひろがりと境界をもち、かつ何らかの要素によって隣接する空間から区別される場所、ということになる。これと同じような

場所（位置）をあらわす語としては、領域（area）、地区（district）、地帯（belt）などがあるが、領域は地域よりも自由な概念で、限界を確定することなく使用されている場合が多く、地区は地域よりも面積的にせまく、かつ基準がかなりはっきりしているため、区画しやすいもの、地帯はかたまった形よりは長く伸びた形の場所をさすことが多い。もっとも一般社会にあっては、これらの定義が厳密に使い分けられているとはいいきれず、たとえば地域住民というとどの範囲に住む住民までふくむのか、工場地区と工場地帯とはどうちがうのか、となると答をみつけるのは難しくなるし、とくに領域は日本語としても未成熟なので、地域との区別がしにくく、本書にあってもややあいまいに使っている部分もある。

地域をどうとらえるかについては、古くから多くの議論がなされてきたが、ひとつのとらえ方は、地域とは同質的な性格をもっている場所、例をあげると農村は農業をおこなっているという点からみて等質としてとらえる場合であり、もうひとつは焦点とそれをとりまくひろがりから構成される結節的な性格でとらえる場合、たとえば都市と都市圏というパターンなどがこちらに該当する。ただ、この両者、等質地域（均等地域ともいう）と結節地域（統一地域）は、たがいに他方を排除するというのではなく、内部的にはさまざまな機能がそれぞれ同質的にまとまりながら、より大きな地域となっている都市地域と、等質地域の典型例ともいえる農村地域が関連しあって、いわゆる「都市－農村関係圏」とよばれる結節地域をつくり出している。

それにしても、地域は個体として存在してきたという考え方が、古くからヨーロッパを中心にいわれてきた。それは古代から地球を有機的全体と考え、各地域はそれぞれの機能を分担し、受け持っているとする考え方であり、小国が分立していたヨーロッパにあてはまる原理だったのであろう。あるいは幕藩体制下にあった近世の日本を考えれば、自分の藩領内で全てを完結しようとしたあの姿に近いといえるであろう。この説に対して、アメリカ合衆国のように広い土地をもつ新興国にあっては、地域は必要に応じて、目的に適するように自由に区分すればよいとする考えである地域便宜説が主流をなしている。この二つの説は歴史的な経緯、対象となる場所の広さにも関係するので、一方が正しく、一方が間違っているというわけではないが、後述するように人や物資の交流・通信技術の発達などから世界がせまくなった今日では、地域は個体ではあり得ないのではないかと思われる。

◉――形式地域、実質地域、そしてDID

地域をどのようにとらえるかは、地理学にとって重要な課題であるが、地域を把握するにあたっては、形式地域でとらえるか、それとも実質地域を扱うのか、の二種類の方法がある。豊橋市の人口三六万五〇〇〇、人口密度一三六〇人／平方キロメートルなどというのは、行政境界をもって地域を分けたから、このような数値がでたのであり、形式地域にたよった典型例であって、揚げ足とりをすれば、豊橋市に属する豊川や三河湾の水面にも人口が均等に分布していると考えなければならなくなる。このように既に定められている何らかの基準——この例では行政上の境界——で地域を区分するのが形式地域であり、地域内の粗密の実態を正確に表現しないおそれがあるが、反面、統計が得やすく、同種のもの——この例では他の市の人口——との比較がおこないやすい利点がある。これに対して、実質地域は、たとえば人が居住している所だけをとり上げて地域の範囲を決定し、あるいは分布の粗密によって段階区分をするから、実態に合った地域把握がおこなえるが、場合によっては適確な統計が得られないケースも少なくない。

この間の事情を代表する例が都市ごとの人口で、行政単位ごと、つまり市全体の人口統計は容易に入手できるものの、市内をいくつかの地区に分けた際の人口はわからないことが多く、実質的な都市域の設定に困難を感じたこともしばしばであった。

かつての日本の市町村数は七万一三一四町村（一八八八年）であったが、隣接した数カ町村を合併して新しい自治体をつくることになり、一八八九（明治二二）年の市町村制施行時には一万五八五九市町村に激減した。ちなみに今日の大字は当時の村名にあたる。この一八八九年の合併を「明治の大合併」というならば、一九五三（昭和二八）年の市町村合併促進法により九八八六市町村に統合させられた「昭和の大合併」を経て、二〇〇二年には財政特例法による「平成の大合併」で三二一八市町村となった。つまり、この一〇〇年あまりの間に二二分の一に減少したこ

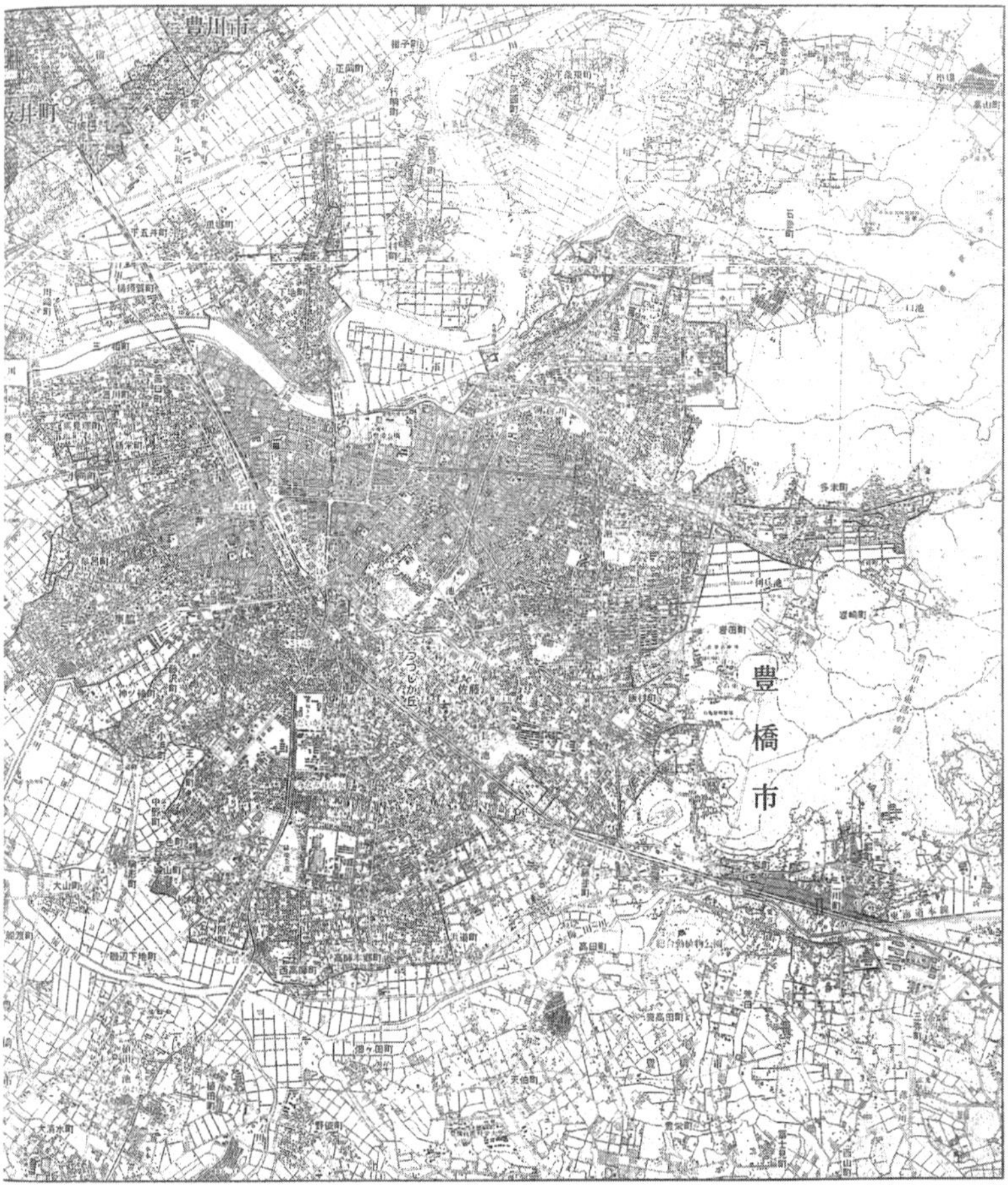

図2　豊橋市の人口集中地区

とになるが、この間、とくに農村から町、そして市への合併がくり返しおこなわれたので、一八八九年の最初の市制施行時に三九市であった行政市が、二〇〇〇年の国勢調査では六七二市に増加したが、新市の大半は農村部を行政市域内にかかえることとなり、実質的な都市域(urban region)と形式上の行政市(city)の範囲との乖離が目立つようになってきた。

　そこで実質的な都市域をあらわそうとしたのが、

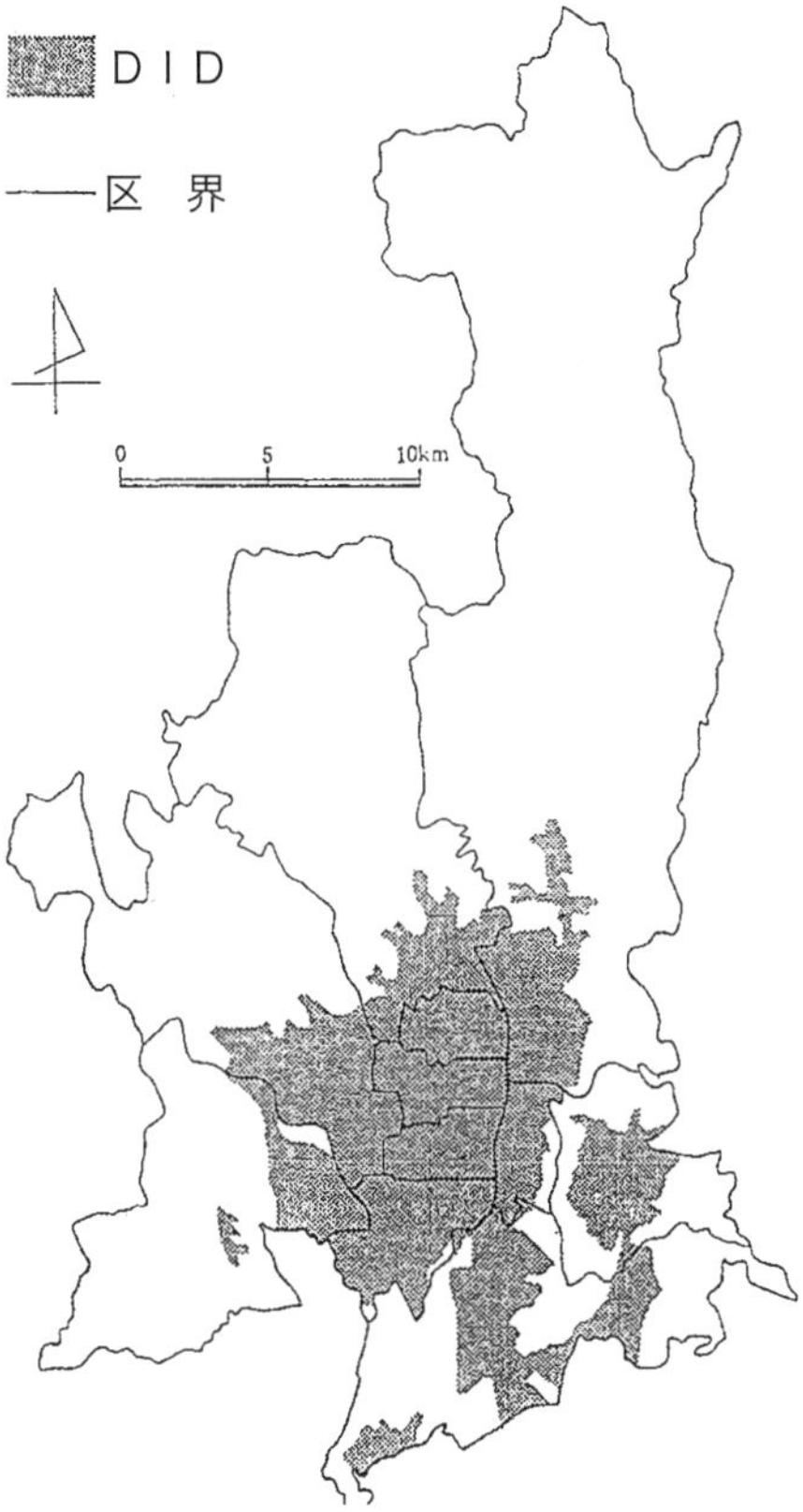

図3　京都のDID（1985）

一九六〇（昭和三五）年の国勢調査から導入された人口集中地区（Densely Inhabited District以下、DIDと略記する[2]）である。DIDは実質的な都市域をあらわすものだけに、DIDが占める面積は全市面積よりせまくなるのが普通で、対全市面積で一〇〇パーセント――すなわち全てが実質的な都市地域である市――、ないしはこれに近い比率をもつ市は東京二三区、大阪市など限られた数市にすぎないが、密集地区がDIDであるため、人口ではかなり高い比率をDIDが占めることが多い。豊橋市の場合には、図2でわかるように、豊橋中心部と二川地区の二カ所にDIDが存在していて、両地区を合算すると全市面積の四二・六パーセントの広さの中に全市人口の七〇・四パーセントが集中している。

この極端な例が京都市でみられる。われわれが一度は行ったことがあるであろう京都市のイメージは、中心部の限られた範囲でしかなく、じつは京都という行政市は西日本で二番目に広い面積をもっている市である。それは、もちろん町村合併によって周辺部を吸収したためであり、図3に示したように、一九八五年のＤＩＤは全市面積の二〇・九パーセントにすぎず、そこに全市人口の九三・二パーセントが住んでいるので、それがわれわれに〃京都はせまい、人が多い〃と感じさせているのである。中でも激しいのは左京区――図３で北へ細長く延びた区――で、ＤＩＤは全区面積のわずか六・八パーセントにすぎないがそこに全区人口の九〇・四パーセントが住んでいる。左京区は京都大学や北白川の高級住宅地が存在する区であるが、大原地区のような農業地帯あるいは丹波高地の一部をなす山地が区域の北部に広がっていて、区の北端は市役所から三〇数キロメートル、市バスも一日に数往復しか走らないという僻地になってしまっている。

こうしてみると、都市と一口にいっても、内部にはいかに異質な部分が存在しているかがうかがえ、実質地域でとらえることの重要さが理解されるであろう。

3　距離の概念——どんな「距離」が使われているのか

◉——距離の種類

日本の古くからのことわざに「酒屋へ三里、豆腐屋へ二里」というのがある。いうまでもなく、一里は現在のメートル法で約四キロメートルにあたるから、酒屋へ行くには一二キロメートル、豆腐屋からは八キロメートルも離れているということで、つまりその家はそれほど人里から離れた不便な位置にあることをいいあらわしている。交通機関が発達し、物品の販売方法に変化が見られる現代では、よほどの過疎地でないとこのような現象はみられないが、このことわざでも用いられているように、実際の距離をもって、ある地点からの遠近をいいあらわすことがおこなわれていた。

現代の不動産販売の広告にあっては、最寄交通機関とそこからの距離を表示しなければならないと定められているので、「横須賀線鎌倉駅から徒歩一〇分」というような書き方がされている。不動産広告でいう徒歩一分は八〇メートルと定められているから、徒歩一〇分は八〇〇メートルの距離を意味している。

また、われわれが友人に自宅を教える時には「バス停から右へ、花屋の角を曲がって三軒目」といったようないい方をすることも少なくない。三軒目の家というのはわかりやすい表現であるが、中には大きな敷地を持っている家もあるから、実際にはどの位の距離であるのかわからない。

このように、位置を示すにあたってもさまざまな「距離」の指標があるので、次項以降でどんな「距離」感があり、それぞれの場において、どれを用いるのが最も適しているのかを検討してみたい。

◉――実際の距離と直線距離

豊橋に在住している友人に名古屋までの距離をたずねたところ、〝七〇キロメートルぐらいかな〟という答がかえってきた。また、二六年間を京都を本拠地に生活してきた私の脳裏には、〝京都〜大阪間は約四〇キロメートル〟という概念が沁みついている。

この二つの距離感覚はあながち間違いではない。ただ、その数値は、具体的にはどこからどこまでを指しているのだろうか。JTBが刊行している時刻表を開けてみると、JRの営業キロとして、名古屋〜豊橋七二・四キロメートル、京都〜大阪四二・八キロメートルとなっている。つまり、JR駅からJR駅までの営業距離がそれであって、自宅あるいは勤め先から駅までの距離は加算されていない点は注意しなければならない。しかも、営業距離とはどのような基準で算出されているのか不明である。たとえば、京都～新大阪間は東海道在来線と新幹線とでは走る線路の位置も異なっているのに、営業距離は等しいとされている。また、ＪＲには運賃計算キロもあって、東海道・山陽新幹線でいうと東京から徳山まではどちらも同じキロ数であるはずなのに、東京からみて小郡以遠は運賃計算キロの方が長い、つまり料金的にも高くなるように設定されている。ただし、このキロ数の二重性は他の新幹線には存在しない。

　われわれは何らかの資料――この場合は時刻表に載っている営業キロ――に準拠して距離を考えやすいので、実際の距離（以下、これを実距離と書く）はとらえにくいといわなければならない。自宅の敷地や住宅地内部など、せまい範囲や短い距離の計測には巻尺や土木用測量機械が使用されるが、求める実距離が長くなると、当然ながら方法が変わってくる。地図上ではかるならば、国土地理院が発行している地形図などの正確な地図を使ってキルビメーター（距離計、図４）ではかるか、コンパスの一種であるデバイダーや定規を用いて地図に添えられている縮尺にあわせて計測する方法ぐらいしかなく、あるいは現地で測れるのであれば、自動車のトリップメーターに頼るか、マラソンコースの長さを計測する機械などが用いられる。いずれに

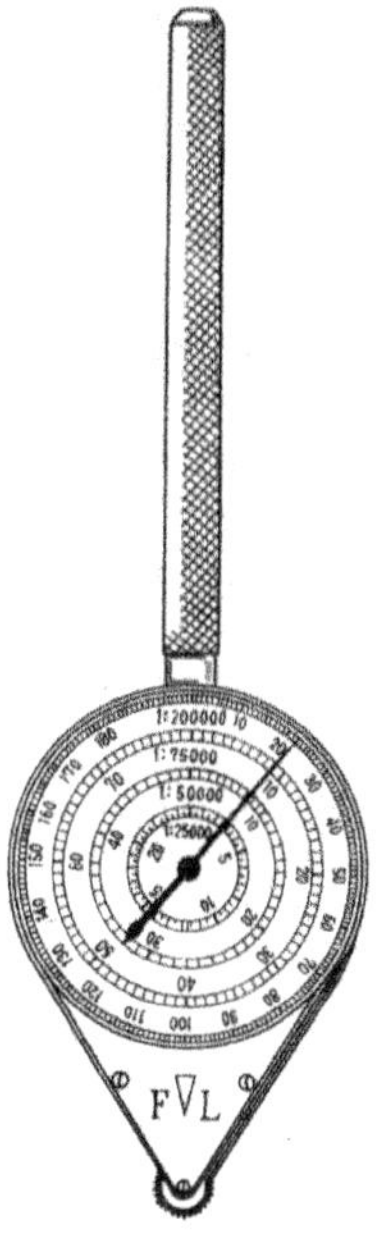

図４　キルビメーター

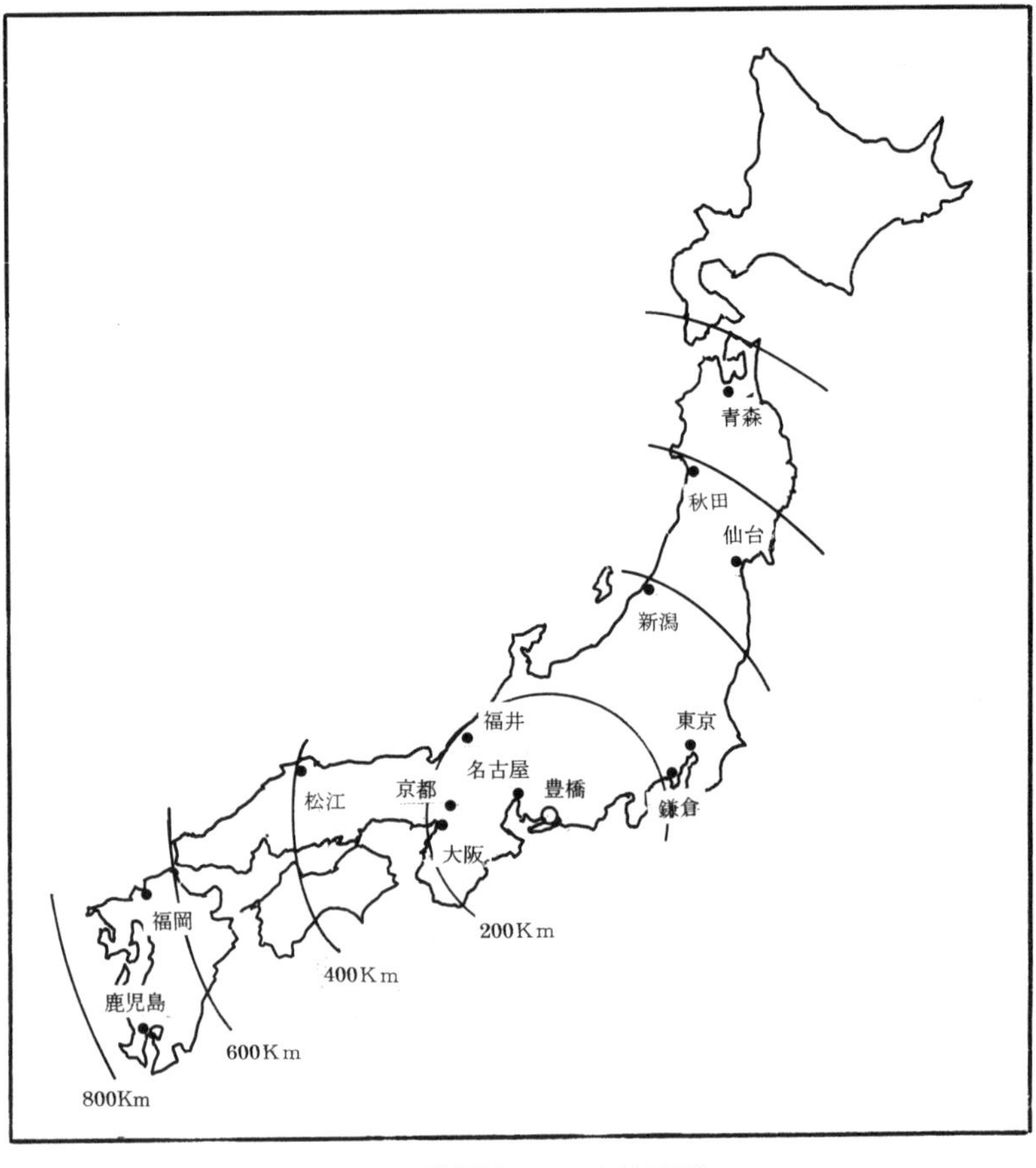

図5　豊橋からの直線距離

せよ、求める距離が長くなればなるほど、手ブレなどによるズレが生じやすく、どの程度の正確さを必要とするのかが問題となってくる。

一方、A地点からB地点までを直線で結ぶのが直線距離である。大まかではあるが概念的な距離を比較するには使いやすい。図5は豊橋を起点とする日本全国の直線距離が描いてあり、この図から大阪と福井が二〇〇キロメートル、新潟と松江が四〇〇キロメートルと、いずれもほぼ等距離にあることがわかる。た

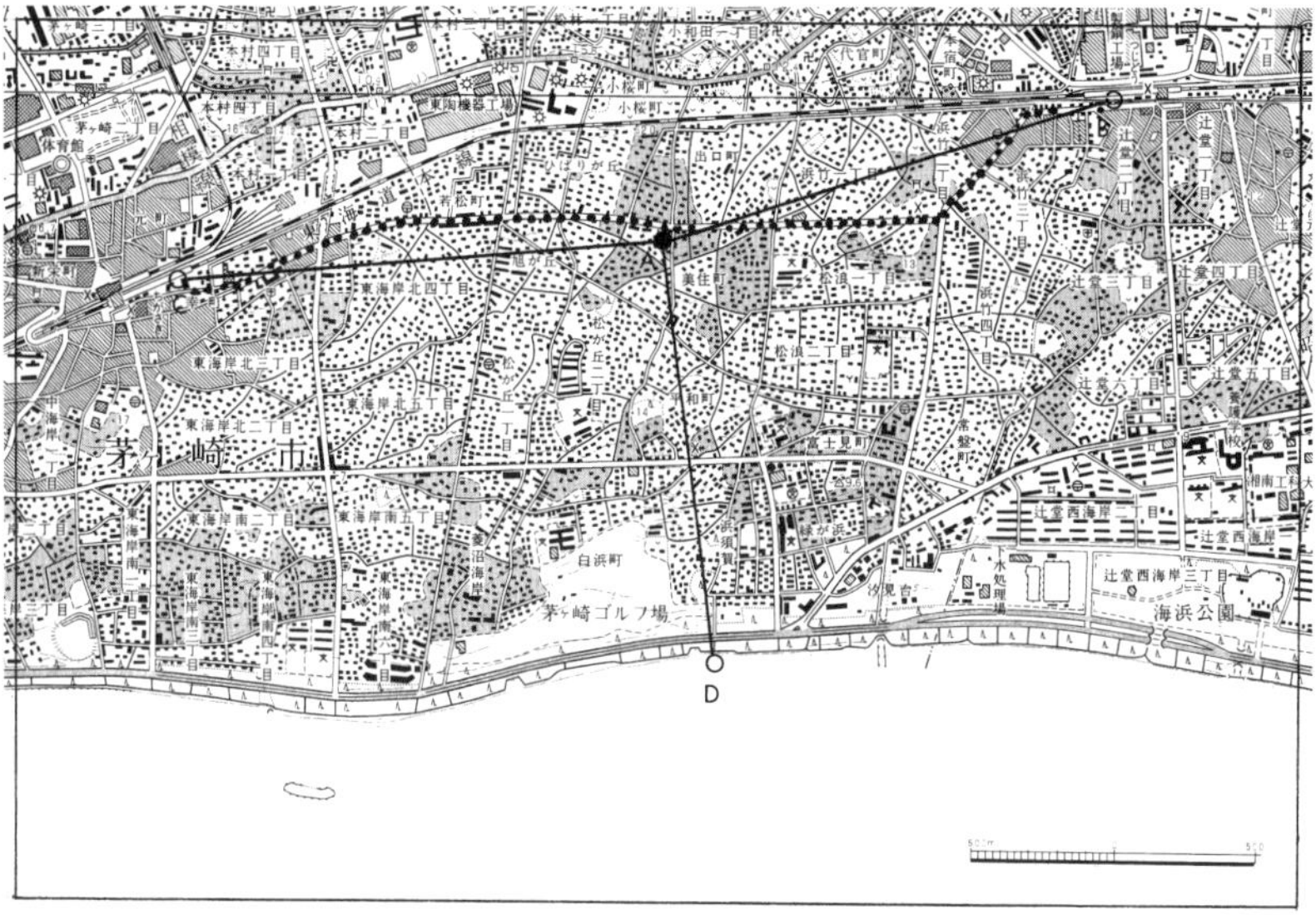

図６　実際の距離と直線距離

だし、これらの都市への行きやすさや個人の感覚による遠近は、本章の次項以降で説明する別の概念を考えなければならない。

直線距離は地図上では真っ直ぐに結ばれるので、現実の実距離よりは短くあらわれるのが通常の形であるが、現実に通行するとなると交通路上にある障害物を回避しなければならず、直進はありえない。

これらを具体的に検証してみたのが図６で、私の自宅付近を国土地理院発行の二万五千分の一江ノ島および藤沢図幅で示している。[3] 直線距離をはかると、自宅Ａから東海道本線辻堂駅Ｂまでは一六二〇メートル、……印で表示したバスも通る道ではＢまでは一八一〇メートル、徒歩なら通れる住宅地の中のわき道を抜ければ一七六〇メートルであった。茅ヶ崎駅Ｃへは直線距離で一八五〇メートル、バスはほぼ最短コースを通っているので距離的にはあまり大きくは変わらない。したがっていずれの駅までへも、徒歩ならば二〇〜二三分程度、バスならば予定通過時刻表によると八〜一〇分で料金一九〇円、自家用車やタクシー（料金六六〇円）ならば六〜七分前後といったところである。

もっとも駅へ行くにしても、朝夕のラッシュ時や夏の海水浴の多客時には道路が混雑するので、自動車はこの時間では到達できないことがしばしばで、歩いたほうが早かったと後悔したこともあり、ここにも距離と交通手段の問題が発生している。

これらに対し、白須賀海岸Dは直線距離にあっては、一四〇〇メートルと最も近いが、自転車でしか通れないような細い道を曲がり曲がりして行かなければならないから、実距離は二〇〇〇メートルを越す。しかも直行するバスもないので、時間的には最も遠いことになる。

ここにあげたのは、きわめてせまい範囲での例にすぎないが、道路パターンなどから、実距離と直線距離、そして次項以降で述べる時間距離、経済距離の問題の一端が明らかになったといえよう。

◉——所要時間からみた距離

われわれは、しばしば所要時間をもって、ある地点までの遠さをあらわすことがある。たとえば、私の場合には愛知大学へ行くのに新幹線にのりかえる小田原まで三〇分、会合や買物に行く東京まで一時間、横浜までなら三〇分といった具合である。

これらは外出にあたって考えなければならない所要時間の概略的なとらえ方であり、出発地（JR駅）から目的地（JR駅）までにかかるであろう時間をあらわしていることが多い。これが時間距離とよばれる概念になる。時間距離をJRの営業距離にあてはめてみると、小田原まで二五キロメートル、横浜まで三〇キロメートル、東京までなら五五キロメートルであるから、時間距離と実距離（ここでは営業距離）とは比例していない。これには途中の停車駅の数や運行スピードなどが関係するので、〝三〇分ならここまで行ける〟という一般論にはならない。

二〇〇三年一〇月一日、東海道・山陽新幹線の輸送に改善が加えられ、品川駅の開業、「のぞみ」の増発とあわせて、スピードアップがはかられた。私が体験したことでいうと、かつて東京〜大阪間は八時間あるいは夜行列車で一晩かかったものが、特急電車「こだま」が走るようになると六時間三〇分で結ばれ、新幹線になると日帰り可能な三時間となり、そして今回は標準所要時間が二時間三〇分に短縮された。大阪と新大阪とでは四キロメートル弱のちがいはあるとはいえ、東京〜大阪間の実距離が短くなったわけではないから、いうまでもなくスピードアップによる時間が節約された。つまり時間距離が短くなったということになる。

このように、時間距離は交通機関のスピードによって変化するから、同じ実距離を行くにしても普通列車と特急とでは所要時間が異なり、航空機利用と水上交通利用とでは大きな差があることはよく知られている。

パソコンに収められているジョルダン社㈱「乗換案内」（Windows 98版）によると、図5で直線距離を比較した各都市のうち、鉄道だけを利用するよりも名古屋空港経由で航空機を利用したほうが早く到着できるのは、鹿児島、松江、新潟、秋田、青森であり、たとえば遠い福岡よりも、近い松江の方が航空機利用を有利とするのは後にとり上げる〝行きやすさ〟が問題となるからであろう。

複数路線が並走している場合には、スピード（所要時間）、運賃、使用する車体の座席の良さと振動、乗客に対するサービスなどが選択の条件となる。第二次大戦前に京都〜大阪間の並走区間で、国有鉄道の列車（現・JR）と新京阪（現・阪急）とが抜きつ抜かれつの熾烈なスピード合戦を展開したのは有名な逸話であるが、現在でもこの両者はJRの新快速で三一分、京都の都心を起点とする阪急の特急で四二分と競い合っている。また、大阪〜神戸間でも山手側から阪急、JR、阪神と三路線が固有の客層を対象に並走していて、私鉄で二七〜二八分、JRの新快速はやや早く二〇分ほどで到着する。

これらの区間で抜群に時間距離が短いのは両区間とも新幹線で、いずれも一四〜一五分しかかからないが、新大阪・新神戸とも私鉄とは異なった位置に駅が設けられているから、簡単に時間距離の比較はできない。また、戸口から戸口への個人交通や貨物輸送を通じてさかんになってきた自動車交通や長い歴史的背景のある淀川の水運（ただし現在は臨時便のみ）もあるが、時間距離の点では鉄道交通とは比べようもない。

実距離よりも遠近の目安として用いられることの多い時間距離は、同一区間であっても、起点終点の場所や乗客の好みなどのさまざまな条件によってちがいが生じるといえる。われわれは、それらの中から自分の都合や目的に最も適した交通機関を選んで、あるいはそれらを混成してルートを決める。

◉——経済性による距離

一般論として、遠くへ行けば交通費がかさむというのは常識であるが、直線距離が近くであっても直行する交通手段あるいは交通機関がなく、回り道をせざるを得なければ、交通費も高くならざるを得ない。また同じ区間であっても、使用する交通機関によっては交通費に差が生じてくる。このような移動距離に対する交通費の効率を経済距離とよんでいる。

経済距離は時間距離とはうらはらの関係にあることが多い。かつて留学中に鉄道によるアメリカ大陸横断を計画した時、〝カネがないなら自分の自動車で行け、自動車を持っていないなら長距離バスにしろ、カネはあるけどヒマがないビジネスマンは航空機で、鉄道はカネもヒマもあるリタイヤ（引退）した人たちが選ぶもの〟と同じ研究室にいた友人にアドバイスされたことを覚え

表3　豊橋〜名古屋間鉄道の比較

	新幹線	東海道本線		名　　鉄	
種　別	こだま	新快速	普　通	特　急	急　行
所要時間	35分	50分	100分	50分	70分
運　賃	1,280 (+980)円	1,280円	1,280円	1,080円	1,080円
1時間あたり便数	2	4	2	4	2

※平成15年6月（平日の昼間）調べ、所要時間は概数（数分程度の差あり）

ている。これこそ時間距離と経済距離の相関をあらわした言葉であり、俗な表現をつかえば〝時間を金で買う〟場合もありうることを示唆している。かつて自動車が今日ほど普及しておらず、道路混雑も少なかった時代――今日でも地方都市ではありうることだが――にあっては、約束の時間に間に合わなくなりそうになると、高くつくのを承知でタクシーを利用した経験のある向きも少なくないと思われる。もっとも最近の大都市の交通事情では、むしろ電車や地下鉄を選んだほうが、安くかつ早く行けるといった現象も生じている。

豊橋〜名古屋（新名古屋）間を比較したのが表3で、東海道本線在来線の新快速と名古屋鉄道名古屋本線の特急とは、所要時間五〇分、一時間あたり四便運行とほぼ同じ輸送体系をもっているが、運賃はJRの方が全国基準にのっとって一・二倍と割高になっている。京都（阪急は四条河原町）〜大阪間、大阪（梅田）〜神戸（三宮）間にあっては、両区間とも所要時間はJR新快速の方が速いが、経済的にはJRが競合上設定している大阪近郊の電車特定区間の特別運賃を適用しても一・七倍の格差となっている。これらの区間では、時間的には東海道新幹線利用が圧倒的に速いが、新幹線料金がかかるのでトータルで三・七倍とこれも抜群に高くなっている。

前述した一〇月一日のＪＲ新幹線改正では、東京～新大阪間の時間短縮とあわせて、料金問題が浮上し、ＪＲと航空各社との運賃の競合が激化・複雑化してきた。正規料金ならばＪＲ「のぞみ」指定席が一万四〇五〇円、航空機は一万八五〇〇円であるが、特定期間の早期割引であれば東京（羽田）～大阪（伊丹）間の航空運賃は八〇〇〇円と、なんとＪＲの五七パーセントにコストダウンしている。このほか、ＪＲの回数券利用や航空機のシャトル便往復割引など、料金体系は複雑化しており、特定区間の具体的場合を見ないと、一概に〝こうである〟とはいえなくなってしまった。

経済距離は時間距離とおなじように、乗降する地点や時間の節約、旅客の好みなどの条件によって大きく変化する。それだけの経費の支出をよしとするかどうかは、移動の目的などによって異なってくるといえる。

◉――心理的な距離

豊橋～名古屋間が約七〇キロメートルということはすでに述べたが、それでは東の方へ七〇キロメートルというと、どこまで行けるのであろうか。答えは掛川あたりである。豊橋に居住していると名古屋と掛川がほぼ等距離という認識をもつ人は少なく、〝掛川はそんなに近いのか〟という人も多いが、新幹線の駅の数からいっても、三河安城、名古屋に対して浜松、掛川とそれぞれ二つ目である。

このように、行き慣れない場所はとかく遠くにあると感じる——反対にしばしば行く所は近いと思われるのが心理距離であり、グールドとホワイトという人が書いた『頭の中の地図』にはこれらのことが縷々述べられている。私が関与した卒業論文の一つに、小学生の認知地図（頭の中に思いうかべる地図）を扱ったものがあった。アンケートによるその論文によると、小学生は自分の身の回りの地域の特徴、たとえば身近な建物や遊び場である野原などがどこにあるかから始まって、学年がすすむにつれて次第に自分の領地を拡げていくが、距離感はいい加減で、大人からみると遠近が逆になっている場合さえあり、日常的に接触のある遊び場はごく身近にあると感じているようである。ちなみに、この論文によると、単独で学区外へ冒険を試みるのは心身ともに発達し、精神的なバリアー（障壁）が越えられる六年生になってから、とされていた。

二〇数年前、タバコを例に心理的な側面を考慮した購買行動を考えてみたことがあった。私はそれを「タバコヤ理論」と呼ぶこととしたが、当時は喫煙は社会的に認められていたし、自動販売機も少なかったから、街角のいたる所にタバコ屋があった。しかも、わが国では同一銘柄のタバコは同一品質、同一価格で販売されていたから、どこの店で購入しても何らの問題もなく、しかも日常的に購入頻度の高い商品であった。そこで図7のように、自宅から等距離の位置にあるA・Bいずれのタバコ屋へ買いにいくかを検討してみた。理論的確率的には、十回行くとすれば五対五の割合で買われるはずなのであるが、それが八対二で一方が多くなるのは何らかの原因——たとえばバス停が脇にあるとか、大通りを横切らなくてはならないといった事実があれば納得できるのであるが、そういった客観的事実がない場合は、そこには心理的な誘因——たとえばかわいい看板娘がいるとかというような問題が存在していると考えざるを得ず、それがまた、新しい問題分析のきっかけともなるのである。

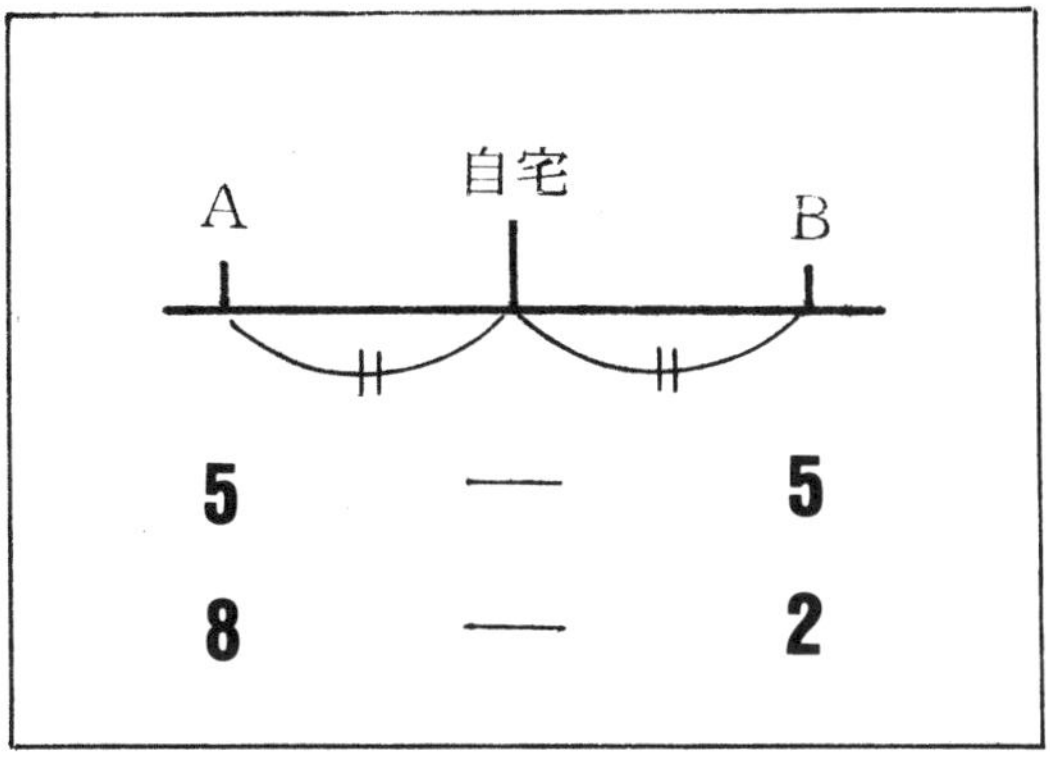

図7　心理距離（タバコヤ理論）

心理的なゆきやすさというと、かつて「大阪南北戦争」と皮肉をこめてささやかれた現象があった。現在でも若干はあるようだといわれるこの現象は、居住地選考にあたって、大阪のキタ（梅田付近）に勤務地をもつ人々は大阪の北郊、豊中、茨木や阪急沿線を志向し、ミナミ（難波付近）を職場とする人々は南郊や堺、近鉄、南海沿線に生活の本拠を構えたことによる。キタはホワイトカラーサラリーマンの多い地区で、大阪弁で言う〝エエ格好しい〟なのに対し、ミナミは大阪らしい活気に満ちた庶民の街であって、転居するにあたってもキタからミナミへ移ろう、あるいはミナミからキタへという動きはなく、地下鉄で十分ほどでしかない両地区が交わり合おうとしないのは、単に距離だけではない問題があると考えられる。

ところで、名古屋〜岡山間と東京〜仙台間とではどちらのほうが区間距離が短いのだろうか。ＪＲの営業キロならびに最速の新幹線「のぞみ」と「はやて」による所要時間を比較するといずれも大差がない。大阪へしばしば行く人であれば岡山まではあと一息と感ずるであろうし、宇都宮に実家があって……というのであれば、仙台はあと少しという意識をもつであろう。

このように心理距離は、必ずしも実際の距離の遠近よりもそこの地域、地名にどれだけの親しみをもっているかによって決まったくると考えられる。

◉——便宜さからみた距離——アクセシビリティによる身近さ

多少遠くとも行きやすい所と近いけれども行きにくい所があるのは、誰しも経験している点であろう。この行きやすさ・便利さをアクセシビリティ（accessibility）と呼んでいる。この語は、時としてアクセス（access）と混同して用いられることがあるが、本来のアクセスの意味は交通路・接近方法などであるから、用法としては〝アクセスがよい（悪い）〟ではなくて、〝アクセスがある（ない）〟というように用いるべきである。

ところで、アクセシビリティは時間距離や経済距離とは比例せず、むしろそれらを超えて存在するものといえる。それはそこに至る交通路や交通機関の有無、運行頻度などによって決まってくるからであり、まっすぐ行くよりも回り道を通るほうが行きやすいという事実に出会うことも少なくないからである。

私個人のケースでいうと、茅ヶ崎の自宅から豊橋にある愛知大学に通うには、バス～東海道本線～新幹線～豊橋鉄道と乗り継がなければならないが、歩く所は自宅からバス停までの数十メートルと乗り換えのための駅構内に過ぎず、アクセシビリティは必ずしも悪くない。しかし、直線距離ならば二〇〇キロメートル足らずであるのに、時間距離は予想以上に遠く、三時間二〇分ほどかかるが、実際に交通機関に乗っているのは二時間半である。この差は乗り換えのための待ち時間、通過列車の待ち合わせ時間がかかるためであり、理論上かつ時刻表の上からも、この一時間近い差は短縮できると思うのだが、現実はバスがうける道路混雑の影響や電車の故障による遅れなどにしばしば遭遇するので、危険率を見込んで、心理的なゆとりを持とうとするからにほかならない。

原武史は『鉄道ひとつばなし』の中で、沖縄県を除いた四六都道府県にある各鉄道駅を対象に、〝駅からみた東京に出づらい都道府県ランキング〟、つまり二四時までに東京駅に着くには何時にその駅を出なければならないかを二〇〇三年三月の時刻表によって調べ、東京駅からの遠さの府県別ランキングを検討している。ＪＲ、第三セクター、私鉄、航空機などのいずれの交通機関をつかってもよいという条件の下で、乗り継ぎなどを考慮したこのレポートは、正にアクセシビリティを追求したものといえる。その結果をみると、最も遠い（不便？）のは岩手県にある大志田駅（ＪＲ山田線）で六時五六分に出ないと二四時までには東京駅には到着せず、次は北海道の楓駅（ＪＲ石勝線）で七時〇二分、第三位は石川県蛸島駅（のと鉄道）一三時一三分となっている。反対に最も近いのは東京都奥多摩駅（ＪＲ青梅線）二一時一一分、第四五位は埼玉県三峰口駅（秩父鉄道）二〇時五一分、第四四位神奈川県大川駅（ＪＲ鶴見線）二〇時二七分であったという。岩手県は盛岡駅を東北新幹線が通り、東京駅まで二時間二〇分ほどしかかからないのに、盛岡駅から四つ目である大志田駅には一日に一〜二本の列車しか停車しないので、乗り継ぎの関係でこのような結果を生んだと説明されている。北海道の楓駅も同じ条件であり、近い方でも神奈川県の大川駅が同様な条件を持っている。一方、第四三位にランクされた大阪府妙見口駅（能勢電鉄）、第三八位の奈良県五条駅（ＪＲ和歌山線）などが下位（遅く出発してもよい方）にあるのは、航空機の利用が可能なためであろう。

このように、実距離が遠いから東京に出にくい——早い時刻に出発しなければならないというのではなく、新幹線や航空機をつかえば案外早く到着できる場所がある反面、停車する列車が少ないと近くであっても行きにくく、アクセシビリティが悪いということが実証された。

これまでに移動にあたっての問題について、できるだけ具体的な実例を出しながら、主として公共交通機関による移動の方法と手段をさまざまな角度から検討してきた。その結果、一言に距離といってもいろいろなとらえかたがあり、それぞれの目的に応じた使われかたをしてきていることが判明した。日常生活にあたっては実距離もさることながら、時間距離、経済距離の概念も重要であり、不断あまり気にとめないアクセシビリティも移動を考える上で大きなファクターとなっていることが理解されたであろう。昨今のように、個人交通手段である自動車が普及し、かつ容易に入手できるようになると、これまでの交通体系が大きく様変わりしてくる。つまり、公共交通機関が〝与えられた条件の中で〟――いわば受け身の形で移動手段を受容してきたのに対し、個人交通手段は自らが積極的に移動距離を克服しようとするから、ある意味からいえば、どれだけ遠いのかといった心理距離や道路がどうかといったアクセシビリティの方が重要な選択条件になってくるし、実際問題として短距離ないしは中距離の移動にあっては、これらをも考慮しつつ交通手段を選んでいると思われる点に注目すべきであろう。そして、われわれは移動する場合にこれらの条件のどれか、ないしは条件の組み合わせから、どれがもっとも適しているかを考えて選択しているといえよう。

4　空間の概念――「ひろがり」という考え方

地理学では〃空間〃という語をしばしば用いるが、難しい定義はともかく、この語には単なるスペースではなく〃何らかの意味（機能）をもつひろがり〃という概念がふくまれている。たとえば、住宅地の空間といえば居住地としてのさまざまな機能をそなえたひろがりであり、都市的空間といえば都市としての役割や機能をもつ地域とそのひろがりを意味している。

ところで、〃(東京の）銀座〃といわれると何を思い浮かべるであろうか。いうまでもなく、東京の、あるいは全国の、といってもよい中心地であるから、きらびやかな商店街、ファッショナブルな街というのが、その共通するイメージであろう。そして、ある人は銀座を代表する建物を考えるかもしれないし、一丁目から八丁目までつづく表通りのウィンドウショッピングに銀座を感じる人もいるかもしれない。またハイセンスな専門店が軒をつらねる裏通り一帯までをもふくんで銀座を面でとらえようとする人も少なくない。このような面的ひろがりを地理学では〃空間〃とよんでいる。

同じことを豊橋の例で考えてみると、豊橋の中心商店街は広小路通りやときわ通り一帯であり、一つの建物でいえば精文館などをあげることができよう。ただ、この場合もどこまでを中心地とよぶかについては、さまざまな見地から、さまざまな意見があり、豊橋市役所都心活性課ではもう少し広い範囲を対象としようとしているようである。

ある特定の機能をもつ中心（地）にとって、その機能が影響をおよぼしている範囲、つまり空間的なひろがりを影響圏あるいは勢力圏という。この圏はさまざまな機能ごとに存在しているが、中心となる機能または業種の名称を冠してよばれる場合が多く、たとえば商業機能であれば商圏、学校に通う学生生徒が居住している範囲ならば通学圏、病院であれば通院圏、工場や事務所など働く場所に通う人々の通勤圏などがある。

勢力圏のひろがりは、需要と供給、つまりその機能を必要とし利用しようとする側と、その機能を提供しようとする側とのバランスによって決まるから、同じ業種であっても決して一定のひろがりがあるわけではなく、また圏の中心となる点――これを結節点とよぶ――は、学校や病院のように点的存在である場合もあるが、商店街やビジネスセンターにみられるようなひろがりをもっている場合もみられる。

これらの圏を小売商業を例に考えてみよう。都市に立地していて、点的状態で商業活動していることではデパート（百貨店）もコンビニ（コンビニエンスストア）も同じであるが、取扱う商品の品ぞろえはデパートの方がはるかに多く、いわゆるブランド品などの高級品も揃えているのに対し、コンビニはその語源であるconvinience（便利）からもわかるように、簡単な食品など

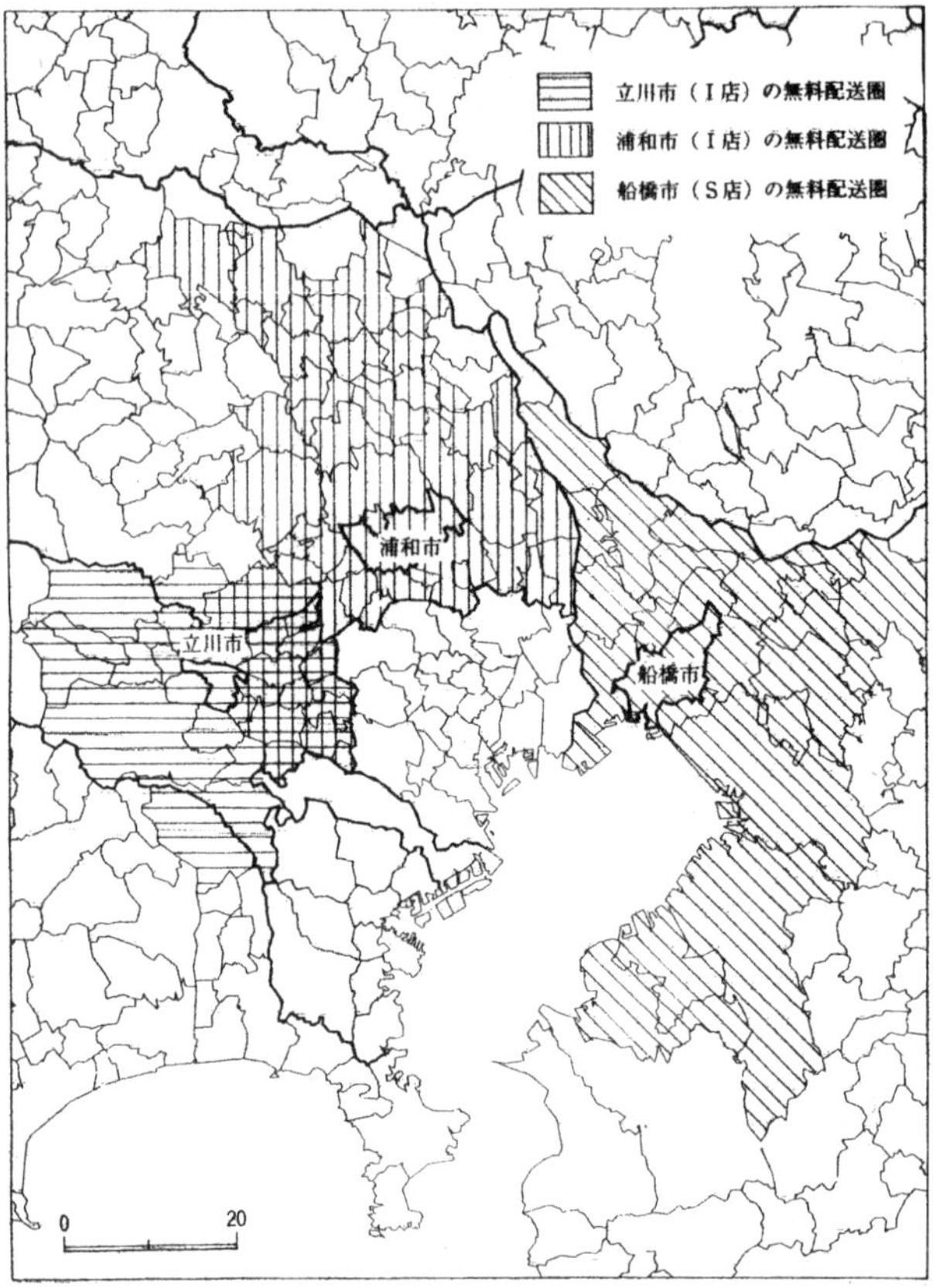

図８　デパートの無料配送圏（立川・浦和・船橋の例）

を中心とし、二四時間営業ということもあって、単身者などにも手軽に利用され重宝される存在である。それだけに都市の中心部に立地することが多いデパートの集客圏は広く、デパートのサービスのひとつである商品の無料配送圏をみると、数十キロメートルにおよんでいるほか、図８に示したように、立川市、浦和市（現さいたま市）、船橋市に立地しているデパートでは、隣接の大消費地である東京二三区さえも特別無料配送地域としている。一方、いたる所に立地しているコンビニの集客圏は限定されていて、住宅地の中のそれはたかだか数百メートル——五〇〇メートル程度ともいわれる——にすぎない。高級専門店の集合であるべき中心商店街もデパー

ト と同様な性格をもっているが、デパートが一点型であるのに、専門商店街は面的に多くの業種が集まることによって生じる「集積の利」が考えられる。郊外に在ることが多いスーパー（スーパーマーケット）は、むしろ分散立地することによって「分散の利」が追及されていて、この点ではコンビニと同じような立地形態にある。

これらの小売商業に対して、卸売商業は集積の利にもとづく面的集中型であり、その商圏はかなり広く、全国におよぶこともめずらしくない。

一般的に結節点に近いほど影響をうける度合いが強く、外方へゆくにつれてその影響が弱まってくるから、結節点のまわりの中心地区、しだいに移り変わる中間地区、郊外ないしは後背地ともよばれる外縁地区と、同心円を画くことが多い。この同心円をゆがめるのが河川などの自然障害や道路・鉄道などの存在であり、前の章にあげたアクセシビリティのよさ、あるいは心理距離がこれを助長する。この同心円の結節構造は、大学や職場を結節点とする通学圏・通勤圏を考えれば容易に理解しうるであろう［鈴木二〇〇一］。

単一機能あるいは指標による圏に対して、各種の機能指標を総合的にとらえるのが都市圏であるが、この場合の都市とは行政上の都市（city）ではなく、実質的な意味での都市地域（urban region）であり、しばしば都心（civic center）がその核となっている。都市地域の日本語の適訳がみあたらないのは残念だが、前に述べたＤＩＤがほぼそれに該当するとみてよいであろう。

この都市圏の構造を現実の都市をモデルにまとめたのが、一九二五（大正一四）年にバージェス（Burgess, E. W.）が発表した「同心円構造説」である。図9に示したこの説の基本的概念は、〝都市内の各機能地域は同心円状に配置されている〟というものであり、これをまとめてみると表4のようになる。

バージェスの同心円構造説は、アメリカ合衆国のシカゴをモデルに考えられただけに、発表当初から生態学的すぎるとの評もあったが、今日でもこの同心円的な形が都市構造を考えるにあたっての基本になっているといえるが、年代の新旧や各国の国情のちがいなどもあり、ただちに現代の都市に適用できるものではない。

このバージェス理論は、一部の郊外をふくむものの、主として都市内部の構造についてであったが、その後ディキンソン（Dickinson, R. E.）や木内信蔵は大都市圏的思考に立つ構造を発表している。ディキンソンはヨーロッパ都市の研究から歴史的発展段階の考えを導入して、

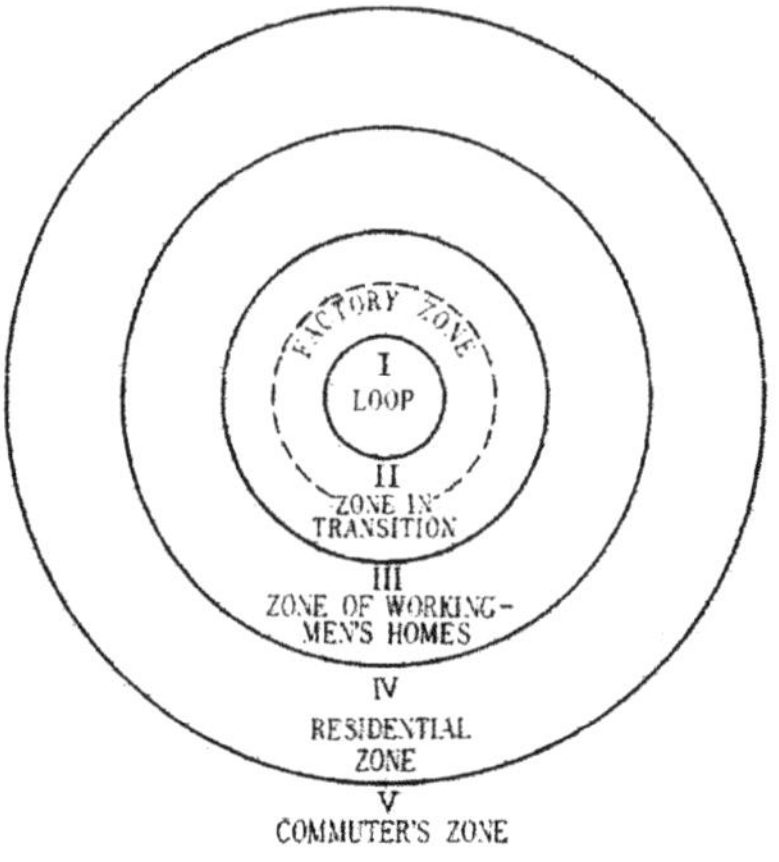

図9　バージェスの同心円構造モデル

①**中心地帯**〔都市地域〕

都市の中心部で中世および前近代の都市をふくみ、中心位置を必要とする全てのサービスが集まり、高層建築物も存在する。

表4　バージェスの同心円説の概要

ゾーン	地域の名称	機能の概要
Ⅰ	都　心	都市の核で、その都市を代表する中心的な業務街や商店街が集中
Ⅱ	商工混在地帯	商業・工業が混在している地区で、不良住宅やスラムもみられる退廃した地区
Ⅲ	労働者住宅地帯	工場などに通う労働者などが主として居住する地帯で、距離的な近接性による
Ⅳ	一般住宅地帯	中流の通勤者などの住宅地帯で、一戸建て住宅やアパートなどもみられる
Ⅴ	高級住宅地帯	郊外に立地する高級な一戸建て住宅地帯

※地域の名称や機能の概要は、わかりやすく意訳してある

②**中間地帯**〔都市住宅地域〕
一九～二〇世紀に、主として住宅などの個人建設により発達した地帯で、一部に工場も存在する。

③**外縁地帯**〔都市交流地域〕
郊外にある都市――農村の接触地域で、都市的土地利用と農村的土地利用の混在が特徴となっている。一九世紀以降の交通機関の発展にささえられている。

の三重構造がみられるとしている。

一方、木内信蔵は行政区域によらない人口一〇〇万級の地域について、自然発生的な結合による範囲をとらえて、これをメトロポールと命名し、その配置関係を外側から内側にむかって、

①**メトロポール第一**
中心都市に流入する人口や物資によって決定する範囲で、経済的行政的な勢力圏。

②**メトロポール第二**
人口・社会・産業などに中心都市の影響をつよく受け、都市

表5　三大都市の通勤圏人口

都市名	夜間人口	通勤圏人口
東京23区	7,969,287	30,832,300
大阪市	2,474,579	13,379,256
名古屋市	2,104,911	7,577,012
千代田区	39,473	12,901,630
中央区	80,486	6,278,495
港区	159,897	6,910,511
豊橋市	355,720	749,528

※東洋経済新報・都市データパック2002による

化が進行しつつある地域で、通勤通学などの面で日々の移動がみられる。いわば日常生活圏。

③都市域

景観的に市街化した地域、つまり都市地域そのもの。

の順に存在しているとした。

ディキンソン、木内両説に準拠して考えると、現代の日本にはかなりの数の都市圏が存在することになるが、市町村の合併・統合がおおいに進んだ今日では、第2章でのべたように都市圏の核というにはふさわしくない行政体も存在するようになったのではと思われる。

その中にあって、旧東京市にあたる東京二三区、大阪市、名古屋市をもって、日本の三大都市圏と考えるのには異存のないところであろう。都市圏という空間的ひろがりは通勤圏と商圏で代表しうるから、統計入手の容易な通勤圏人口をみると表5のようになるが、この三市だけでも、一五五五万人区域に、四四九七万人の通勤圏人口をかかえていることになる。さらに東京の都心といわれている千代田、中央、港の三区だけでも、約二八万人の夜間人口に対して二六〇九万人と、じつに九三倍もの通勤圏人口をかかえていて、その都市圏としての力のつよさを知ることができる。ただ、通勤圏人口とは、国勢調査で定義された通勤圏内にある市町村の人口の合計であるから、実際の日々の流入通勤人口は東京二三区で約三〇〇万人（神奈川県から一〇八万人、埼玉県一〇七万人、千葉県七〇万人、その他）となっている。また、これだけでなく、東京にあっては横浜、川崎、大阪は京都、神戸といった一〇〇万都市が隣接していて、複核都市圏を形成している点には注目しておく必要があるであろう。それだけに、その空間的ひろがりは東京圏にあっては八〇〜一〇〇キロメートルにもおよび、大阪圏六〇〜七〇キロメートル、名古屋圏では五〇キロメートルに達すると思われる。

5　通信による距離の克服――空間的ひろがりにおける即時性

現代は情報化の時代といわれており、多くの情報がさまざまな形と方法で伝えられてきている。その中にあって、ファックス、eメール、インターネットなど、個人対個人を直結する形で情報の伝達・交換がおこなえる電子通信系のメディアが急激に発達してきた。中でも、手軽に持ち運びでき、簡単にかつ場所を選ばず連絡・操作できる携帯電話は急速に普及し、その契約口数は二〇〇〇（平成一二）年には六万六千台と、数字上は国民二人に一人が所持している状態となっている。他方、従来からある固定電話は一九九九（平成一一）年の統計では約七万回線と減少傾向にある。(5)

通勤流動にせよ、物資供給にせよ、その空間的移動にあたっては物理的動きをともなうだけに、距離や交通手段などの条件によってそのひろがりは制約をうけるが、電話となると、どんなに遠距離であってもダイヤル操作だけで相手につながる利点があり、情報の交換にはなくてはならない方法となってきた。

先日、イスラエルの友人から二〇年ぶりに連絡があった。定年退職した大学を経由し、回送されてきたeメールのコピーは、国内郵便で五日ほどかかって到着したが、自宅からファックスで返信を出したところ、その日のうちにｅメールで打ち返されてきた。一九六〇年代初めにアメリカ合衆国に留学していた私は、日本からの航空便が五～七日かかって到着するのが普通で、やむを得ない緊急の要件を国際電話で伝えようとすると、あらかじめ日時を予約させられ、しかも三分で七千円ほど取られたなどの記憶がある。それだけに〝速くて安いから、これからはｅメールで……〟との彼の言に、世界が即時につながる時代になったことを痛感させられた。

さらに、この通話のひろがり——通話圏は必要とする相手とだけの直接の交流だけに、交信範囲は生活圏をあらわす重要な指標たりうるが、昼間と夜間とでは通話先と通話する相手が異なり、昼間は仕事上の相手との交流に用いられる〝ビジネス電話〟、夜間はふるさとへの連絡などに使うことが多い〝ふるさと電話〟といわれているので、これらからビジネス・ふるさと、それぞれの生活圏が把握できた。

ただ、以前は市外電話ならば電話局の交換を経由していたから、どこ（発地）からどこ（着地）へ通話したのかが記録され、その統計が生活圏をとらえる絶好の資料となっていたが、固定か携帯かを問わず、各電話機から市外局番をダイヤルできる方式に変わり、直接相手を呼び出せるようになってから、統計がとりにくくなってきた。それでも地域間利用頻度を知るために、特定日時に定期的に抽出調査をつづけ、固定電話の通話圏をとらえる努力が継続されていた。ところが電電公社がＮＴＴに分割され、民間企業も参入している携帯電話の普及が進むと、実態把握がむ

表6　大阪ＲＡ管内のＤＡとＴＡと第１位対地と通話率

DA	ＴＡ 番号	ＴＡ 名称	対地順位 1位
大阪	1	大阪	東京　11.3
	2	寝屋川	大阪　70.5
	3	八尾	大阪　58.6
	4	和泉	大阪　33.1
	5	茨木	大阪　52.7
	6	堺	大阪　53.5
	7	富田林	大阪　35.5
	8	岸和田貝塚	大阪　41.6
	9	池田	大阪　54.4
京都	10	京都	大阪　32.4
	11	亀岡	京都　66.8
	12	宇治	京都　34.6
	13	園部	京都　55.9
	14	大津	京都　28.1
	15	彦根	大津　15.7
	16	長浜	彦根　18.4
	17	八日市	大津　37.6
	18	水口	大津　29.2
	19	今津	大津　35.1
神戸	20	神戸	大阪　40.2
	21	西宮	大阪　35.4
	22	加古川	神戸　37.0
	23	三木	神戸　43.3
	24	西脇	神戸　21.5
	25	三田	神戸　28.3
	26	丹波柏原	大阪　24.8
	27	洲本	大阪　37.7
	28	津名	洲本　31.3

DA	ＴＡ 番号	ＴＡ 名称	対地順位 1位
姫路	29	姫路	神戸　18.7
	30	竜野	姫路　55.1
	31	相生	大阪　21.5
	32	播磨山崎	姫路　47.0
	33	福崎	姫路　39.1
奈良	34	奈良	大阪　36.8
	35	大和高田	大阪　35.4
	36	五条	奈良　53.6
	37	十津川	——
	38	大和榛原	大和高田34.5
	39	上北山	——
	40	吉野	大和高田26.9
	41	下市	——
和歌山	42	和歌山	大阪　32.4
	43	岩出	和歌山47.3
	44	和歌山橋本	和歌山27.7
	45	湯浅	和歌山59.4
	46	御坊	和歌山26.5
田辺	47	田辺	大阪　34.3
	48	新宮	田辺　28.7
	49	串本	新宮　29.0
福知山	50	福知山	大阪　15.3
	51	舞鶴	京都　27.1
	52	宮津	京都　28.4
	53	峰山	宮津　31.5
豊岡	54	豊岡	大阪　21.8
	55	浜坂	豊岡　30.3
	56	八鹿	豊岡　40.9

※ＴＡの範囲は番号により図10を参照

ずかしくなってきている。

かつて筆者は、当時の電電公社大阪市外そ通管理室から資料提供をうけ、その頃の京阪神大都市圏の通話流による結節構造を調査した[鈴木一九八二]。この調査研究は一九八〇年のことであり、もうかなり古くなったといわなければならないが、電電公社が採用した方策は独特でかつ現代にも通じる状況であるので、その一部分を紹介してみたい。その当時の電話局の組織は総括局が管轄する範囲（この範囲をRAという）以下、中心局（DA）、集中局（TA）、端局（EA）、特定地区にのみある分局（LA）に階級区分されていて、日本全体では東京、名古屋、金沢、大阪、広島、福岡、仙台、札幌の八カ所にRAが置かれ、その下は八一のDAに分けられていた。私が研究対象とした大阪

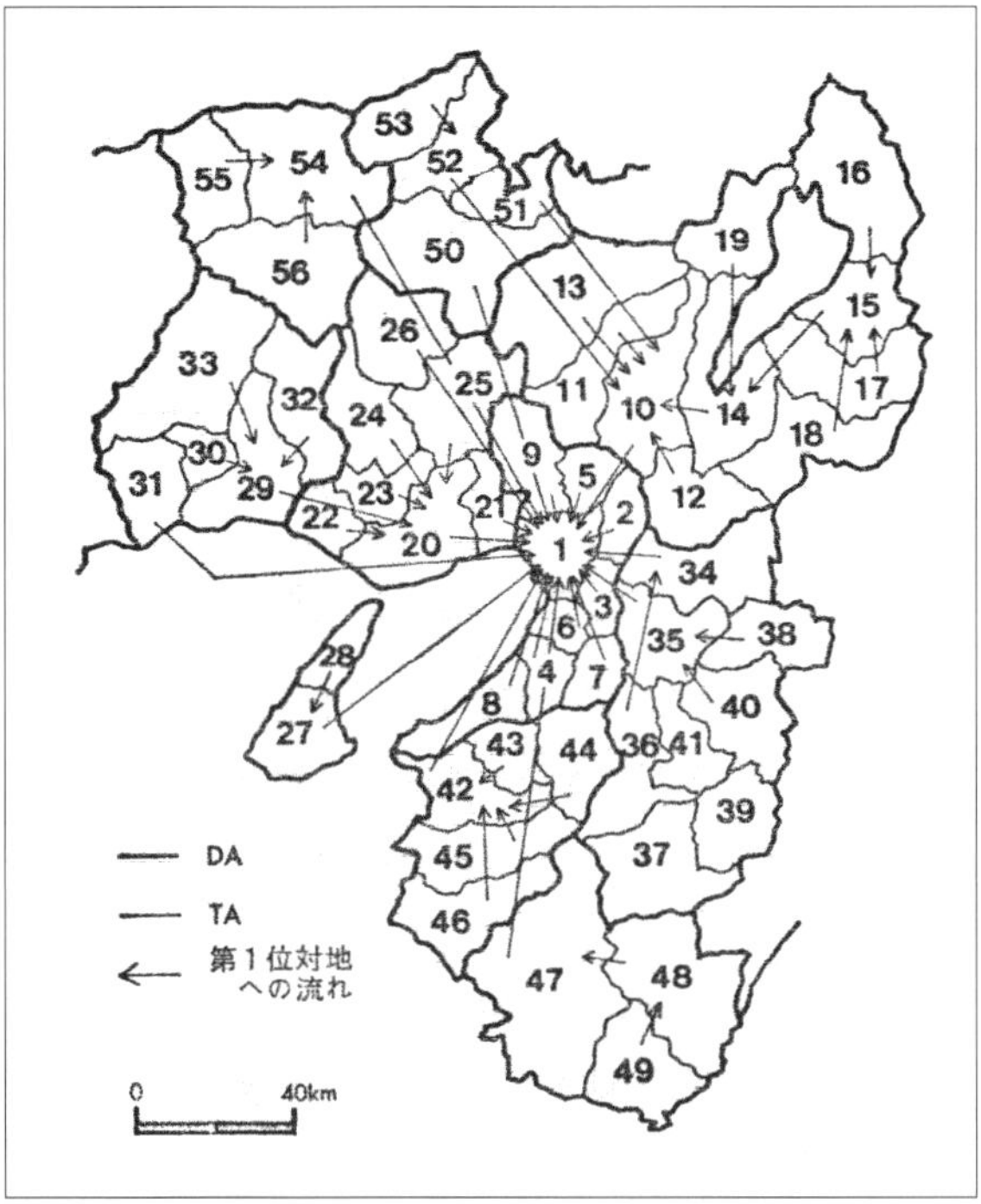

図10　大阪ＲＡの結節構造（数字は表6参照）

RAには九つのDAと五六のTAがあり、それぞれのTAごとに第一位対地（第一位の着信相手先）とそこへの通話率を検討した表6でみると、寝屋川TAのように圧倒的に大阪DAとの結びつきの強い地区もある一方で、大阪TA―京都TA―大津TA―八日市TAというように、階層構造のサブシステムが認められる地域もあったが、図10に示したように、全体としては大阪TAに収斂しており、この地方がクローズドシステムであることが判明した。そして、大阪TAの第一位対地が東京TAであること

から、全国的にみると、東京を頂点とし、その下に各地がつながっていく構造があると考えられる。当時の管轄区域の分け方は、行政範囲によらない――その意味では社会通念と異なる方策がとられている。それは通話頻度の多さによって区分けしようとする試みであり、たとえば、金沢にはRAがあるのに四国にはないこと、滋賀県にはDAが置かれておらず全域が京都DAに吸収されていることなどである。現在のNTTにあっても市外局番のはじめの二桁をみると、北海道と東北北部は〇一、東北南部と北関東は〇二、東京〇三、南関東は〇四、東海〇五、大阪〇六、北陸・近畿が〇七、中国と四国は〇八、そして九州・沖縄が〇九の九つに区分されていて、(6)日本のいわゆる八地方区分とは異なった構成をとっている。

通話流の頻度による統合・分割を市レベルでみると、大阪周辺では守口市および府県境を超えた尼崎市が〇六、名古屋周辺では尾張旭市、豊明市、日進市の各一部分が〇五二と、それぞれ同じ市外局番を使用している。市外局番というのは各TA固有の番号であるから、これらの地区は行政範囲がちがっていても、普段から交流が多く、日常生活上は同一の地区とみなされていることになる。反対に、大阪市、門真市、摂津市、東大阪市などは、場所によって〇六と〇七二が混在していて、通話流の上からは別々の二つの地区が市内に存在していることになり、極端ないい方をすれば、これらの地区では隣の家に電話するのにもいちいち市外局番をダイヤルしなければならないということになる。市町村合併が促進された今日ではこのような例は各地で見出すことができるので、これを市町村合併にともなうデメリットと考える向きもあろう。

ここまで電電公社時代の大阪ＲＡ管内の結節構造を中心に論をすすめてきたが、大阪ＲＡが管轄する空間的ひろがりは三重県を除く近畿地方の全域であり、大阪から最外縁部までの直線距離を測ると一三〇～一四〇キロメートルに達し、ＴＡのある大阪～豊岡間、あるいは大阪～串本間をＪＲで行くと、快速を使っても四時間ほどかかる距離である。これだけ距離が離れていると、毎日の通勤はもとより所要ででかけるにしても、かなりの時間がかかることを覚悟せねばならず、face to face（対面）のコンタクトはできなくとも、即時に用件が伝えられる点に電子通信のもつ距離の克服の有利さが感じられる。

大阪以外のＲＡの資料を入手していないので、たとえば北海道や九州とどのように結びついているのかを述べることはできないが、最近では電子通信を利用すれば距離の制約はほとんど考慮の外にあるといえそうである。それとともに頻繁に用いられるようになった携帯電話は、画像を送ることもできるようになったことでもあり、ますます需要は高まると思われるが、これらについては後日の資料の入手を待って検討したい。

6　都市と空間的ひろがり——三つの都市圏のちがい

これまで移動のあり方やさまざまな距離のとらえ方、そして、それらがつくり出す空間的ひろがりについて説明してきた。本書の冒頭にとり上げた三つの問いも、都市圏のひろがりという視点からのものであるので、表7にあげた人口統計と地誌的な説明とをあわせてそれぞれの特徴をみてみよう。

まず、最初の事例であるが、豊橋と名古屋とは七〇キロメートル離れているので距離的に必ずしも近いところにあるとはいいきれない。しかし、JRにしても名鉄にしても、所要一時間という時間距離とアクセシビリティのよさは、十分通勤できる範囲であり、豊橋から市外へ通勤する人の一一パーセントが名古屋へ行っているという点、あるいは愛知大学へ通っている学生も名古屋およびその周辺に多数居住しているという事実は、豊橋が名古屋都市圏の中にあることを証明しているといえる。われわれが数回にわたって実施した世代別アンケート調査などの結果によると、(7) 主として若年層がファッション系などの買物や娯楽などで名古屋を志向している。その一方、豊橋の昼夜間人口がほぼ等しい、つまり昼間に就業のために市外へ流出する人口と同じ規模の人口流入があることを意味しており、豊橋は名古屋都市圏の最外縁にあるのと同時に、それな

表7　各市の人口統計（抄）

	豊橋市	鎌倉市	京都市	大阪市
夜間人口(千人)	364	168	1,468	2,595
昼間人口(千人)	363	159	1,615	3,664
昼夜間人口比	1.00	0.95	1.10	1.40
市外流出就業人口(千人) 対全就業人口比　(%)	35 18.0	47 60.2	99 14.2	482 39.1
主な市外流出先の順位、人数(千人)、比率(%)	豊川市 (第1位) 8 (22.8) 名古屋市 (第4位) 4 (11.4)	東京23区 (第1位) 20 (42.6) 横浜市 (第2位) 14 (29.8)	大阪市 (第1位) 26 (26.3) 宇治市 (第2位) 11 (11.1)	東大阪市 (第1位) 29 (6.0) 京都 － 5 (1.1)

※平成12年国勢調査による。主な市外流出先は第1位流出先および関係ある流出先のみ記載

りの独立性をもった東三河の中心都市と考えてもよいのであろう。したがって〝名古屋は遠いですか〟という問いに対しては、イエスともノーとも断定できない微妙な立場にあり、人によって異なる心理的な距離感によって左右されるのではないだろうか。

豊橋に比べると、鎌倉の性格はかなりはっきりしている。温暖な気候と海と山に囲まれた環境のよさは、戦前から高級住宅地、別荘地として知られ、いわゆる知識人、文化人たちが好んで居をかまえた土地であった。戦後、東京の住宅事情の悪化と住宅の郊外化につれて、これまでの知名度の高さもあって、鎌倉の住宅地化は急速に進んだ。JR東京駅から乗り換えなしで一時間という時間距離とアクセシビリティの良さは、現代の東京都市圏の住宅事情からいえば、むしろめぐまれたロケーションというべきなのかもしれない。市外流出人口は全就業者の六〇パーセントにも達するが、東京二三区（全流出

人口の四三パーセント)、横浜(同三〇パーセント)の二市への通勤が圧倒的に多く、鎌倉が東京や横浜の住宅衛星都市であることをものがたっている。また、鎌倉は一一八〇(治承四)年、源頼朝が幕府を開いた土地であるから史跡も多く、歴史的風土地区に指定されているし、市が面する相模湾一帯は湘南海岸とよばれる海洋レジャーやマリンスポーツのメッカでもあることから、東京圏の観光スポットとしても繁栄している。

京都、大阪、神戸と三つの百万都市が集まっている一帯は、京阪神大都市圏を形成しているといわれるが、これはみかけ上であって、実体は京都圏、大阪圏、神戸圏の連合体であり、これをもって単一の大都市圏というには問題なしとしない。新しい開港場である神戸を別として、古くからの政治の都であった京都と経済活動の中心であった大阪とは陸上交通や河川交通でつながっており、人や物資がはげしく動いていたことも事実である。

現代の京都と大阪はともに昼間には人口流入がみられる市、すなわち通勤者が集まってくる都市で、昼夜間人口比(8)は京都で一・一〇、大阪にいたっては一・四〇という数値がそれを物語っている。通勤者を集める一方、市外への流出も多く、京都で約一〇万人、大阪では四八万人が流出しているが、京都は流出先の第一位が大阪であるのに、大阪は隣接している東大阪市が第一位で、京都への流出はその五分の一にもみたない。このような人の動きのアンバランスは、それぞれの都市がもつ産業にも大きく関係しており、いわゆる所得と職種のちがいから移動が発生しやすい。

表6には記載しなかったが、京都の場合には第三次産業に従事する人の比率が七〇・五パーセントと高く、商業、サービス業がさかんな街といえる。いうまでもない周知の事実だが、京都は千年の歴史をもつ古都であり、幸いなことに戦災をうけなかったために、古い文化遺産や街のたたずまいが残っているので、観光客も多く、三千五百万〜四千万人もが訪れる日本最大の観光地であるから、それなりのサービス関連産業が発達したといえよう。さらに〝学術の都〟といわれているだけのこともあって、大学・短大あわせて一四万人もの学生が居住し、あるいは通学してくる影響は大きい。このような産業を中心にする京都に対して、大阪は昔から金融・経済活動の中心であることから大会社の本店・支店も多く、ホワイトカラーサラリーマンによるビジネス機能がつよい。それだけに京都に住んで大阪に通う人たちも少なくないし、反対に夜は大阪から京都へ遊びにくる人たちといった交流もみうけられる。

大学で担当している都市地理学の講義の最初の時間に、学生たちに〝都市とはどのようなものか、どんなイメージを持っているか〟と尋ねてみると、〝人が多い所〟〝家がたくさんある場所〟〝はなやかな盛り場〟といった答えが返ってくるのが常である。都市の基本的本質が「都（みやこ)」と「市（いち)」にあるとしたら、これらの答えはそれなりにポイントをついているといえよう。日本の多くの都市の起源が城下町にあったことを考えると、政治・行政と商取引が都市部でおこなわれ、食料などの生産を主とする農村部とに二極分解した存在であったといえる。
しかし、近代になると、多数の労働力を必要とする工業が、余剰労働力をもつ農村部から人を集め、それにつれて都市部の商業活動も活発になってきたので、「都市とは工業と商業のさかんな所」といわれてきた。ところが昨今では、これまでの生産活動の見直しとあわせて、住民サイドからみた消費のあり方がとり上げられ、さらに大都市などではより広い地域を対象とする業務・ビジネスが活発になり、第四次産業[9]ともいわれる中枢管理機能が重視されるようになった。

都市で生活する人々は、経済的社会的に自らのライフスタイルに適した地区をえらんで住居をかまえるが、職業上の必要や希望する職種のちがい、あるいは生活上の物資や食料を調達するために、あるいは娯楽を求めてなど、さまざまな理由で日常的にも移動をおこない、ないしはそこからの移動を開始してそれぞれの目的によりマッチする場所をさがし、地域を形成してゆく。それが都市内部にみられるいわゆる地域分化であり、たとえば静かな環境が望まれる住宅地区、物資運搬のための交通の便とまとまった敷地を必要とする工業地区、都心など人が集まりやすいところに立地する商業地区などがそれであり、その結果、都市は有機体のごとく相互に関連を保ちつつ発展をつづける。都市に新しく流入して来る人々は自分の目的・条件に適った地域を選ぶので、それぞれの地域は拡大し、郊外に空間的ひろがりの拡張をもたらす。この現象が都市化とよばれる現象であって、大都市であればあるほど、中心となる都市の機能が強ければ強いほど、広い都市圏＝空間的ひろがりが構築された。

7 都市の発展と都市化――水平的拡大と垂直的拡大

かつて全国的に都市化が急速に進行し、問題をなげかけた時期があった。一九五〇年代後半から始まったこの時期は、いわゆる日本経済の高度成長期にあたり、雇用機会や収入の増加を求めて都市への人口流入が激しくなり、その結果、住宅不足、交通混雑、居住環境の悪化などの都市問題が発生した。

これらをうけて、都市化の研究がさかんに行われるようになり、日本地理学会では一九五八（昭和三三）年に都市化研究委員会を発足させて研究討議をすすめ、関連問題をふくめて数次にわたるシンポジウムが開かれたが、それらの成果は『日本の都市化』にまとめられて一九六四（昭和三九）年に刊行された。

都市化の概念は、研究者によっても若干のちがいが認められるものの、大きくわけると次のようになる。その一つは都市化を最も厳密に定義して、「都市化とは近代産業の発展によって、農村的な地域が都市的な地域に変質すること」とする意見であるが、これよりややゆるく「都市化は集落または地域において、都市的要素が増大する過程」とする考え方もあり、単純明快であるだけにこの方が一般的に受け入れられてきた。この二つの考え方は本質的に異なるわけではなく、

写真１　都市化の小住宅（背後の松林を開発中）

農村的（rural）な地域が、都市からの影響を受けて都市的（urban）な地域に変わってゆくという点では共通している。写真1は、松林を切り開いて小住宅の建設が進みつつある状況を示す都市化の典型例であるが、このような景観的変化とともに、都市的機能の増大が都市化を示す重要な要素で、住宅建設のほかにも工場や学園の進出、地価騰貴、通勤者の増加などが指標にあげられる一方、農家・農地の減少、兼業農家の増加など、農村機能の後退も見落とすことができない問題である。それだけに社会学が地域社会の意識変化をもって都市化の進出と考えるのも当然のことといえよう。

このような都市化の概念を、模式図的にラフなスケッチにまとめてみたのが図11である。現象としての都市化の原因ならびに発展のエネルギーは人口の流入にあり、定住すべき都市内部の住宅の量的質的不足などから、人々が郊外へ押し出されるのが最大の要因といえる。この場合に、以前から住んでいた都市あるいは流入を目指してきた都市（これを母市とよぶこととする）の近い所に居を構えようとするから、年代が経つにつれて母市の近い所から次第に遠くへと居住地が拡大するが、同じ年代であっても、交通の便の良い場所、たとえば鉄道線に沿った地区では都市化が〝サザエのツノ〟状

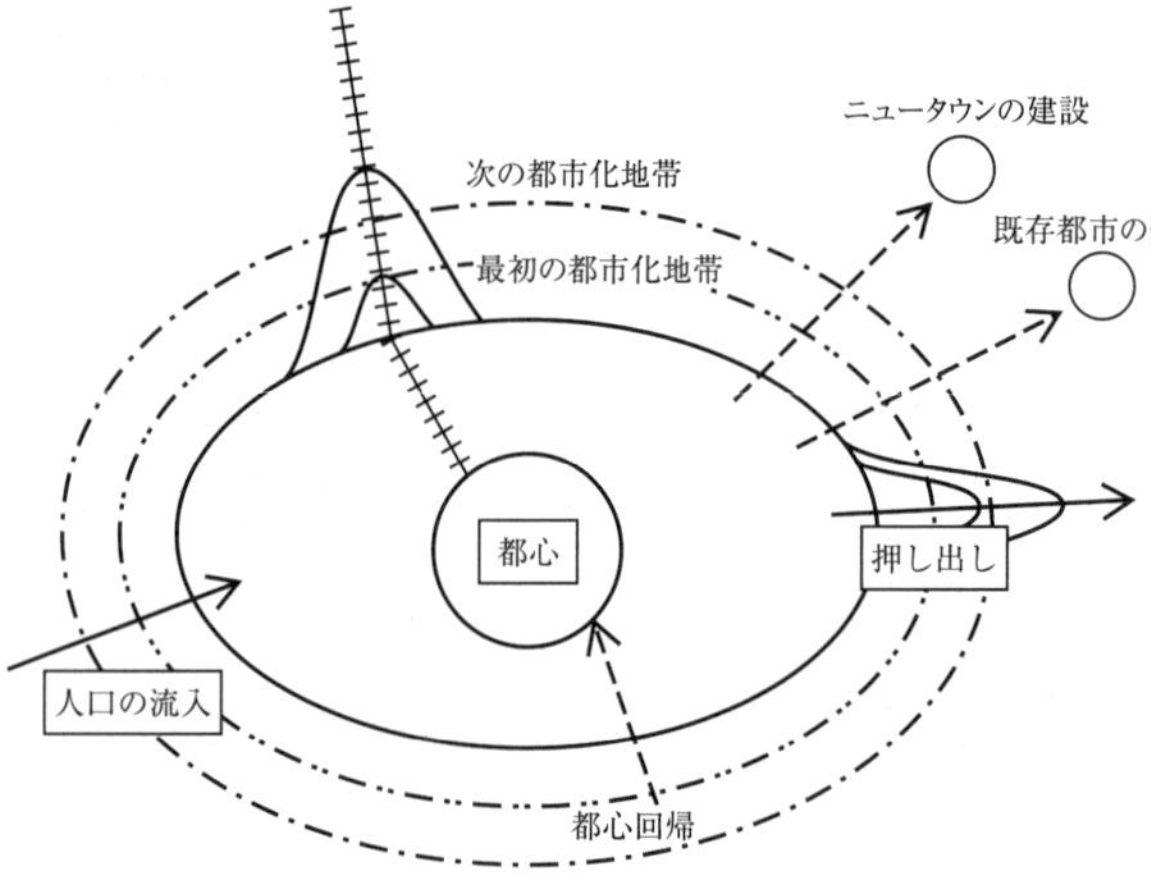

図11　都市化のメカニズムのラフ・スケッチ

に突出していく。かつて都市住宅地展開の理論的根拠を模索していた私は、通勤に用いられる鉄道の駅から徒歩一〇分の範囲に立地する住宅の需要が多いことに着目したが、最近の駅からの一〇分圏が満たされると、その圏から外——つまり一五分とか二〇分とかの位置に行くのではなく、次の駅まで乗車してでも一〇分圏をまもろうとしていると、帰納的に考えたことがあった。これが郊外地帯の住宅地開発における線的拡大であるが、いわゆるバブル期に入ると〝土地神話〟が発生して、交通条件や土地条件をふくむ全般的環境を考慮するよりも、経済的に入手できる場所が選ばれるようになり、一〇分圏を越えてでも面的拡大が進行し、住宅地開発は〝経済性〟——いかに安く供給されるかだけが条件となり、理論的根拠は見出しえないままになってしまった。

ところで、このような都市化の進展は、母市からの連担的拡大だけにとどまらず、図11にあげたような、飛び地的な都市化、つまり近郊にある既存都市の変質やニュータウンの建設も重要な役割をになっている。本来のニュータウンの開発理念は、あたらしい地域を開発して、そこに職場も誘致して、そこの地域内で生活がおこなえるようにすることであったはずなのだが、わが国にあっては、職場の移転が少ないこともあり、都市に流入する多数の人口を収容する場所として、単なる住宅地の拡大、ひいては都市圏の拡大につながっている場合がほとんどである。

あらためていうまでもないことだが、都市化とは母市からの直接の影響をうけて都市機能が拡大してゆく過程あるいは結果を指すから、単に水平的な拡大だけでは郊外化や住宅地化に終わるだけのこともあり、都市化がすんだとはいいきれない場合もありうる。そこで、東京と周辺を例に市街地の発展過程を検証すべく、年代別に示したのが図12であるが、明治期の東京は江戸時代以来の市街地のひろがりとほぼ等しく、下町は商業地として機能し、西方の台地上の武家屋敷が住宅地に変化した形で存在していた。それでも徐々に膨張してきた東京の市街地が一挙に大きく拡大したのには、二回の時期があったと考えられる。最初は大正末期から昭和初期にかけてで、JR山手線を越えて西郊へ発展していった。表面的には一九二三（大正一二）年の関東大震災がきっかけとなったのであるが、その背景としてはその頃の職住分離の風潮のたかまりが拡大の一因と考えられる。また、それまでは市街地内部で

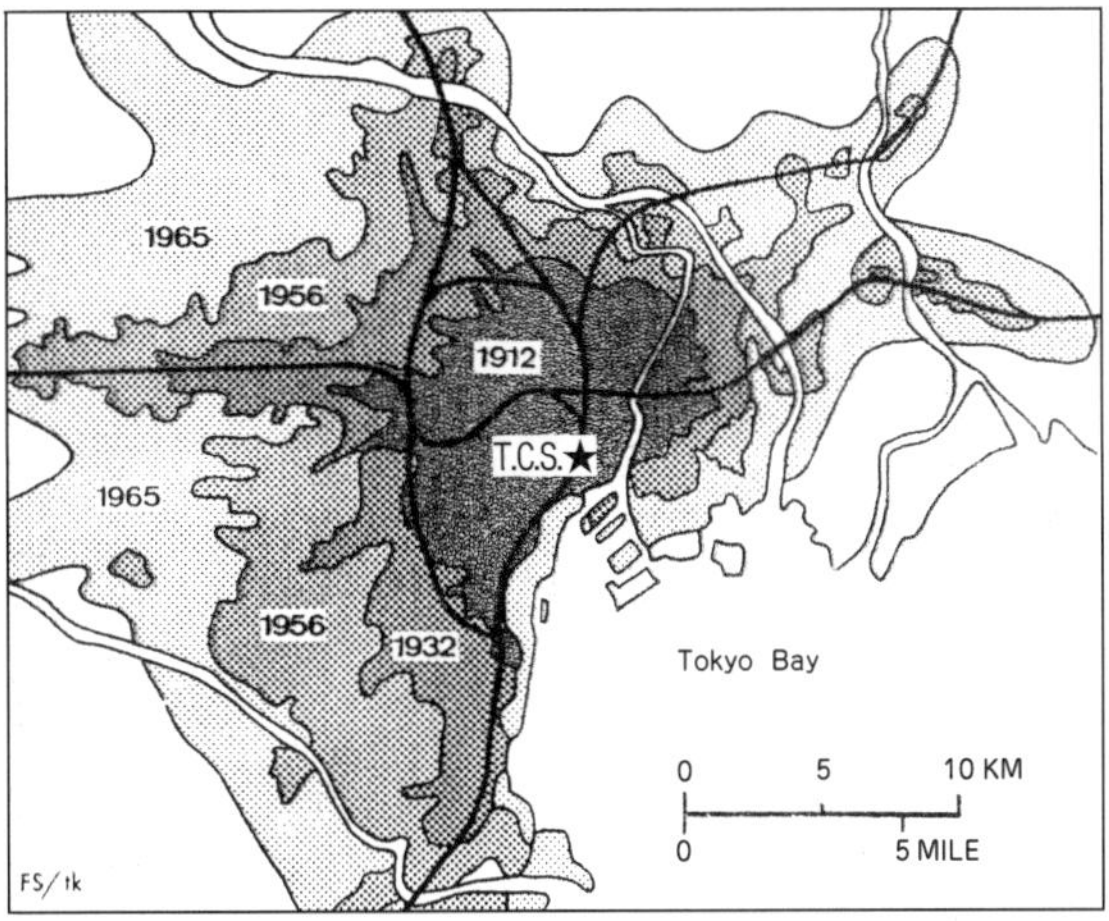

図12　東京の市街化の拡大（T.C.S.は JR 東京駅の位置をあらわす）

の貸家居住が一般的であったのが、郊外に一戸建ての自己所有の住宅を持つ傾向がつよまり、多くの〝文化住宅[10]〟が生れた。この場合にも交通の便利さから、鉄道線沿いに拡大がすすむが、中でも都心に直結するＪＲ中央線沿いの突出がいちじるしい。この時期には、たとえば一橋大学などの学園や各種の都市施設の郊外移転も多く、東京近郊では田園調布や成城、関西にあっても芦屋の六麓荘や池田の室町といった、現在は高級住宅地と目される地区の成立もみられる。

第二回目は、一九四五（昭和二〇）年の戦災によるもので、山手線内側から本所・深川をふくむ下町一帯は壊滅的打撃をうけたから、そのため東京二三区の行政界を越して東京都下や隣接県に、いちじるしい遠心的拡大がみられたのがこの時期であった。そして一九五五（昭和三〇）年、日本住宅公団（当時）が発足し、〝だんち[11]〟という語を生み出した集団住宅地が形成されたが、住宅不足を補うことを優先したために、これまでの市街地を離れてやや遠い地域に建設されることが多かった。一九六五（昭和四〇）年以降になると、これまで未利用であった郊外の丘陵地に大規模なニュータウンが造成されるのと同時に、市街地内部には面開発や再開発が進行し、民間資本による高層住宅、いわゆるマンションの建設がさかんになった。

このようにしてみてくると、東京の郊外の都市化は、どのようなインパクトによるものなのか、いつごろからの拡大を都市化といってよいのか、判断に迷うものがあり、あるいは震災や戦災といった他律的な原因による住宅地拡大をどうみるかも一つのポイントとなろう。中には明治以降の市街地の拡大の全てを都市化ととらえようとする研究者もあるが、昭和のはじめごろの、都市にあるべき施設が郊外移転をした時期には都市化がはじまったとみるのが妥当なところであろう。それにしても、一九五七（昭和五二）年には埼玉県富士見村（現・富士見市）、一九五九（昭和五四）年には隣接の福岡村（現・上福岡市）に、それぞれ数千戸ずつの大規模住宅団地三カ所が当時の住宅公団によって建設されたが、どの団地にも東京への通勤者が多く居住していたから、この時点ではは っきりした東京の都市化がおよんだといえるであろう。

その後は、大阪市郊外の千里ニュータウン（一九六二 入居開始）をはじめ、名古屋市郊外の高蔵寺ニュータウン、東京郊外の多摩ニュータウン、港北ニュータウンなどの大規模土地開発がすすみ、それにつれて個人住宅の建設も次第に遠距離化がみられるようになった。片道二時間の通勤は生理的限界といわれているが、本書の第二章でも検討したようにアクセシビリティの条件によっては通勤に必要な時間距離も変わるので、経済性を度外視しての〝新幹線通勤〟も増える一方である。たとえば、小田原駅に立ってみると、平日の朝六時台の始発から連続して八本の〝こだま〟が東京にむかい、そのいずれもが満席に近い状態で運行されている。就業時間、睡眠時間を考えると、往復四時間を通勤に割くのは日常生活にかなり支障をきたすので、最近では、良好な環境と一戸建て住宅をもとめていったんは郊外に行った人々が、通勤時間の短縮と市街地での生活の便利さから、都心近くのマンションに再移転してくる例も少なくない。これが図11の都心回帰であり、

写真２　高層ビルの建設
（六本木ヒルズ、右手奥は新宿のビル群）

都市へのＵターン（逆Ｕターン）といわれる現象である。とくに高年齢層にあっては、毎日の生活の便利さを優先させて、郊外の高級住宅を処分してまでも、たとえば六本木ヒルズ（写真２）のような超高層マンションの上層階を指定して購入するといったケースが増えてきており、これまでとちがった新しい住宅感覚がうまれてきた。

ところで、都市化の概念にはこれまで述べてきた農村↓都市といった水平的拡大のほかに、「urbanなものがより高次のurbanなものになる」とする定義もあるから、このような垂直的拡大もその一つといえるであろう。私には、大都市の住宅地形成にあたって、庭つき一戸だてを望むならば多少の通勤時間はがまんしてでも郊外に、便利さを望むならば市街地内部の数階だてのマンションに、といった考えがあり、一九六二（昭和三七）年度の東京市政調査会首都研究所の調査報告書に「今後、東京の住宅は空へ伸びる方向で検討すべき……」と書いて［鈴木一九六四ｂ］ご批判をこうむったことがあったが、四〇年も経過してやっと日の目をみたような気がする。

ここでは住宅地の拡大を中心に論をすすめてきたが、千葉市の幕張メッセや東京都港区から江東区にかけてひろがるお台場などへの業務地区の移転新設、八王子市への大学の集中、都市観光の新しい方向性をうちだした東京ディズニーランド（浦安市）、あるいは東京以外でも横浜市のみなとみらい地区、大阪市にできたユニバーサルスタジオなどなど、これまでとは異なる都市化の進展がみられるのも最近の特色といえそうである。

〝名古屋は遠いですか〟という個人によって異なる距離感を問うことからはじまった本書は、具体的な例を多用しながら、距離のとらえ方、それを一般化した形での空間の概念、そしてその具体的あらわれである空間的ひろがりとそれを生じさせる都市化・都市圏について考えようと試みた。それにしても、都市は何らかのインパクトとエネルギーを得て成長してゆく。この場合のインパクトとは、その都市のもつ機能の強さによって決まり、それを求めて流入して来る人々がエネルギーとなる。そうはいっても、都市は無制限にひろがるものではなく、通勤や物資輸送という物理的な制限があり、ひろがる距離からいっても、そこで生活する人々の数――これを人口圧というが――からいっても、自ずと適正規模という空間サイズがあるはずであり、これを逸脱するとさまざまな都市問題が発生する。

たとえば、愛知大学のある豊橋市は、めぐまれた自然環境と交通条件のもとでおだやかな生活がおこなわれる地方中核都市であるから、それにふさわしい規模とひろがりが期待される。

注

(1) 東京都武蔵野市。東京二三区に隣接しており、住宅衛星都市として、その名を知られている。東京駅からJR中央線電車で二〇分ほどの距離にあり、通勤者が多い。
(2) 人口集中地区とは、国勢調査の一調査区(約五〇世帯単位)の人口密度が一平方キロあたり四千人であって、このような地区が隣接して五千人以上にまとまっている場合をいう。
(3) 実測にあたっては、国土地理院発行の一万分の一、茅ヶ崎、江ノ島、藤沢の三図幅を使用した。
(4) 原資料は二〇〇一年三月末の総務省「住民基本台帳」で、これから東洋経済新報社が独自に算出している。このため、二〇〇〇年の国勢調査の人数とは若干異なっている。
(5) 固定電話加入数は、二〇〇三年九月には六千万回線に減少した。
(6) NTT東日本、ハローページ巻末の「市外局番一覧二〇〇三~二〇〇四」から抽出した。
(7) 鈴木研究室によるアンケート調査およびシンポジウムでの報告による。
(8) 夜間人口(常住人口)に対する昼間人口を比率であらわす。この数値が一・〇〇以上であれば昼間流入が多い、つまり働く場所がある所、一・〇〇以下ならば昼間流出が多い住宅地などとの判定ができる。
(9) 経済学者コーリン・クラークは、産業の業種を三つに分けて、原料、食料生産の第一次産業、これを加工する製造業などの第二次産業、流通・サービスなどの第三次産業とした。最近になって目に見えない情報・管理機能を扱う分野を第四次産業とよぶことがある。
(10) 大正末期に流行した、玄関わきの洋間を一室そなえた二〇坪(六六㎡)ていどの小住宅をさす名称で、和洋折衷の生活のさきがけとなった。詳細については、内田(二〇〇二)の文献を参照されたい。
(11) 四~五階建ての一棟三〇~四〇戸ていどの住宅が収容されているのが一般的な形式で、構造的には鉄筋コンクリート、内容的には玄関、トイレ、ダイニングキッチンなどに洋風設備がつくられているなど、これまでとは異なった住宅環境であり、入居者も若い世代が多いこともあって、独特な地域社会と雰囲気をつくりだしていた。団地・マンションの立地の詳細などについては、鈴木(一九六四a、および一九七七)の文献を参照のこと。

参考文献（発表年代順による）

Burgees, E. W.（1925）*The Growth of the City*, Chicago〈大道安次郎、倉田和四生訳（一九七二）『都市——人間生態学とコミュニティ論』鹿島出版会〉

Dickinson, R. E.（1947）*City Region and Regionalism*, A Geographical Contribution to Human Ecology, London

木内信蔵（一九五七）『都市地理学研究』古今書院

木内・山鹿・清水・稲永編（一九六四）『日本の都市化』古今書院形成選書

鈴木富志郎（一九六四ａ）「住宅団地の発達と分布」『地理』Vol. 9, No. 2.

鈴木富志郎（一九六四ｂ）「住宅地の分布からみた東京の周縁構造」首都研究所昭和三七年度調査報告No. 4『空間構造からみた東京の性格』所収、東京市政調査会首都研究所

鈴木富志郎（一九七七）「マンション考」『立命館文学』三八六～三九〇号

Gould, P. & R. White（1974）*Mental Maps*, Penguin Books〈山本正三、奥野隆史訳（一九八一）『頭の中の地図——メンタルマップ』朝倉書店〉

鈴木富志郎（一九八一）「通話流からみた京阪神大都市圏の結節構造」立命館大学地理学教室・地理学同攷会編『地表空間の組織』古今書院、八四～九四頁

鈴木富志郎（一九九七）「大都市圏の形成と圏内の核化にともなう一考察——京浜大都市圏を例に」『立命館文学』五五一号

鈴木富志郎（二〇〇一）「都市圏の等確率円による検討——学生・教職員の住所分布を例に」『愛知大学郷土研究所紀要』四六号

鈴木富志郎・高橋大輔（二〇〇二）「豊橋市中心市街地商店街に関するアンケート調査報告」

内田青蔵（二〇〇二）『消えたモダン東京』河出書房新社

鈴木富志郎・高橋大輔（二〇〇三）「豊橋市における小売業の地域構造と居住者の購買行動」愛知大学中部産業研究所公開シンポジウム「地域と大学」資料

原　武史（二〇〇三）『鉄道ひとつばなし』講談社現代新書、講談社

統計などの参考資料

『ＪＴＢ時刻表』二〇〇三年一〇月号、ＪＴＢ
『日本国勢図会』二〇〇一／二〇〇二年版、国勢社
『都市データパック』二〇〇二年版、東洋経済新報社
『地理統計』二〇〇二／二〇〇三年版、古今書院
『平成一二年国勢調査報告』第四巻、総務省
『平成一二年国勢調査報告』人口集中地区、総務省

【著者紹介】

鈴木 富志郎（すずき ふじお）

1932年　東京・浅草生まれ
1962年　アメリカ合衆国ワシントン大学大学院地理学専攻博士課程単位修得退学
成蹊大学教諭、成蹊大学講師を経て、立命館大学文学部教授（～1999定年退職）、愛知大学特任教授（～2003）
現　在　立命館大学名誉教授　愛知大学綜合郷土研究所非常勤研究員
主な著書『計量地理学序説』（地人書房）、『地域分析の技法』（古今書院）、『日本の都市化』（古今書院）、『地域と交通』（大明堂）『地表空間の組織』（古今書院）、その他分担執筆、論文多数
研究分野　地理学、とくに都市地理学、観光地理学、計量地理学に関心があり、計量的処理による都市問題の解明を、消費の視点から考えている。

愛知大学綜合郷土研究所ブックレット ⑧

空間と距離の地理学 ――名古屋は遠いですか？

2004年3月31日　第1刷発行

著者＝鈴木 富志郎©

編集＝愛知大学綜合郷土研究所
〒441-8522 豊橋市町畑町1-1　Tel. 0532-47-4160

発行＝株式会社 あるむ
〒460-0012 名古屋市中区千代田3-1-12　第三記念橋ビル
Tel. 052-332-0861　Fax. 052-332-0862
http://www.arm-p.co.jp　E-mail: arm@a.email.ne.jp

印刷＝東邦印刷工業所

ISBN4-901095-46-3　C0325

刊行のことば

愛知大学は、戦前上海に設立された東亜同文書院大学などをベースにして、一九四六年に「国際人の養成」と「地域文化への貢献」を建学精神にかかげて開学した。その建学精神の一方の趣旨を実践するため、一九五一年に綜合郷土研究所が設立されたのである。

以来、当研究所では歴史・地理・社会・民俗・文学・自然科学などの各分野からこの地域を研究し、同時に東海地方の資史料を収集してきた。その成果は、紀要や研究叢書として発表し、あわせて資料叢書を発行したり講演会やシンポジウムなどを開催して地域文化の発展に寄与する努力をしてきた。今回、こうした事業に加え、所員の従来の研究成果をできる限りやさしい表現で解説するブックレットを発行することにした。

二十一世紀を迎えた現在、各種のマスメディアが急速に発達しつつある。しかし活字を主体とした出版物こそが、ものの本質を熟考し、またそれを社会へ訴える最適な手段であると信じている。当研究所から生まれる一冊一冊のブックレットが、読者の知的冒険心をかきたてる糧になれば幸いである。

愛知大学綜合郷土研究所